Relato da vida de
FREDERICK
DOUGLASS
UM ESCRAVO AMERICANO

Frederick Douglass

Tradução
Livia Koeppl

Principis

Esta é uma publicação Principis, selo exclusivo da Ciranda Cultural
© 2021 Ciranda Cultural Editora e Distribuidora Ltda.

Traduzido do original em inglês
*Narrative of the life of Frederick Douglass,
an american slave*

Texto
Frederick Douglass

Tradução
Livia Koeppl

Preparação
Eliel Cunha

Revisão
Adriane Gozzo

Produção editorial e projeto gráfico
Ciranda Cultural

Diagramação
Fernando Laino | Linea Editora

Design de capa
Ana Dobón

Imagens
Rafal Kulik/shutterstock.com

Dados Internacionais de Catalogação na Publicação (CIP) de acordo com ISBD

D737r	Douglass, Frederick
	Relato da vida de Frederick Douglass, um escravo americano / Frederick Douglass ; traduzido por Livia Koeppl. - Jandira, SP : Principis, 2021.
	128 p. ; 15,5cm x 22,6cm. – (Biografias)
	Tradução de: Narrative of the life of Frederick Douglass, an american slave
	ISBN: 978-65-5552-255-6
	1. Biografia. 2. Frederick Douglass. I. Koeppl, Livia. II. Título. III. Série.
	CDD 920
2020-3139	CDU 929

Elaborado por Vagner Rodolfo da Silva - CRB-8/9410

Índice para catálogo sistemático:
1. Biografia 920
2. Biografia 929

1ª edição em 2021
www.cirandacultural.com.br
Todos os direitos reservados.
Nenhuma parte desta publicação pode ser reproduzida, arquivada em sistema de busca ou transmitida por qualquer meio, seja ele eletrônico, fotocópia, gravação ou outros, sem prévia autorização do detentor dos direitos, e não pode circular encadernada ou encapada de maneira distinta daquela em que foi publicada, ou sem que as mesmas condições sejam impostas aos compradores subsequentes.

Prefácio

No mês de agosto de 1841 participei de uma convenção abolicionista em Nantucket, na qual tive a felicidade de conhecer Frederick Douglass, autor deste relato. Ele era um desconhecido para quase todos os membros daquele grupo; porém, tendo conseguido escapar recentemente de um cativeiro sulista e sentindo-se curioso acerca dos princípios e das ações dos abolicionistas – de quem ouvira apenas uma vaga descrição, quando ainda era escravo –, foi convencido a participar do já mencionado evento, embora, na ocasião, residisse em New Bedford.

Foi um acontecimento providencial, bastante providencial! Providencial para seus milhões de irmãos acorrentados, que ainda anseiam em se libertar da horrível servidão! Providencial para a causa da emancipação negra e para a liberdade universal! Providencial para a sua terra natal, que ele tanto defendeu e louvou! Providencial para seu grande círculo de amigos e conhecidos, cuja simpatia e afeição ele indubitavelmente conquistou pelos muitos sofrimentos suportados, pelos virtuosos traços de caráter e por se lembrar constantemente daqueles que permanecem escravos, como se ainda estivesse acorrentado com eles! Providencial para inúmeras pessoas de várias partes de nossa república, cujas mentes ele esclareceu com sua inspiradora eloquência quanto à questão da escravidão e cujos corações ele comoveu, provocando lágrimas de piedade ou virtuosa indignação contra os escravizadores de homens! Providencial para si mesmo, visto que seu discurso imediatamente passou a ser de utilidade pública, pois, ao "mostrar ao mundo a firmeza de um homem"[1], despertou uma determinação adormecida na alma que o fez se dedicar à grande obra de quebrar a vara do opressor e libertar o oprimido!

Jamais me esquecerei do seu primeiro discurso na convenção, da emoção extraordinária que ele despertou em minha mente, da poderosa impressão que causou em um auditório cheio, tomado de surpresa, e dos aplausos que se seguiram do começo ao fim de suas felizes observações. Acho que nunca odiei a escravidão tão intensamente como naquele momento; minha percepção quanto ao enorme ultraje infligido à natureza divina de suas vítimas sem dúvida se tornou mais clara que nunca. E lá estava uma delas, alta e imponente, um homem dotado de rico intelecto, um prodígio de natural eloquência, "um pouco menor que os anjos"[2], e ainda assim um escravo; sim, um escravo fugitivo que temia por sua segurança e mal ousava acreditar que em solo americano era possível encontrar um único branco disposto a ser seu amigo, a qualquer custo, pelo amor de Deus e da humanidade! Uma criatura tão intelectual quanto moral, capaz de grandes realizações, que apenas precisava de uma parcela relativamente pequena de refinamento para tornar-se um adorno para a sociedade e uma bênção para sua raça – e, no entanto, pela lei da terra, pela voz do povo e pelos termos do código escravocrata, ela era apenas uma posse, uma besta de carga, um bem pessoal!

---

[1] Referência ao ato III, cena IV, de *Hamlet*, de William Shakespeare: "A combination and a form indeed, where every god did seem to set his seal, to give the world assurance of a man". Em tradução livre, "[...] uma forma, em resumo, perfeitíssima, em que os deuses seus selos imprimiram para que o mundo visse o que era um homem [...]" (N.T.)

[2] Referência ao versículo da Bíblia Hebreus 2:7: "Tu o fizeste um pouco menor do que os anjos, de glória e de honra o coroaste, e o constituíste sobre as obras de tuas mãos". (N.T.)

RELATO DA VIDA DE FREDERICK DOUGLASS

Foi um querido amigo de New Bedford quem persuadiu o senhor Douglass a falar na convenção. Ele subiu no palanque com hesitação e constrangimento, a necessária consequência de uma mente sensível diante de uma situação tão inédita. Após desculpar-se por sua ignorância e lembrar ao público de que a escravidão era uma péssima escola para o intelecto e o coração humanos, passou a narrar alguns fatos de sua trajetória como escravo e no decorrer do discurso expressou muitos pensamentos nobres e reflexões emocionantes. Tão logo se sentou, eu me levantei, cheio de esperança e admiração, e declarei que Patrick Henry, o famoso revolucionário, jamais discorrera tão eloquentemente em defesa da liberdade quanto aquele fugitivo procurado. Foi o que pensei na época, e o que penso ainda hoje. Lembrei a audiência do perigo que aquele autoemancipado jovem corria no Norte – mesmo em Massachusetts, terra dos nossos fundadores e descendentes de revolucionários – e perguntei aos presentes se permitiriam que ele voltasse à escravidão, com ou sem lei e constituição. A resposta foi unânime e estrondosa: "NÃO!". Então perguntei: "Vão socorrê-lo e protegê-lo como a um irmão, um conterrâneo da velha Bay State?". "SIM!", gritaram em uníssono. Os cruéis tiranos ao Sul da linha Mason e Dixon quase puderam sentir a energia que emanava daquela audiência e ouvir a poderosa explosão de sentimentos que ela evocava, símbolo da invencível determinação daqueles que jamais trairiam o desterrado ou deixariam de esconder o fugitivo[3], suportando com firmeza as consequências.

De imediato ocorreu-me que era necessário persuadir, com grande ímpeto, o senhor Douglass a consagrar seu tempo e seus talentos para divulgar a iniciativa abolicionista, pois isso causaria formidável impressão nos nortistas que ainda nutriam preconceitos contra pessoas de pele negra. Tentei, portanto, inspirar-lhe esperança e coragem, a fim de que

---

[3] Referência ao versículo da Bíblia Isaías 16:3: "Toma conselho, executa juízo, põe a tua sombra no pino do meio-dia como a noite; esconde os desterrados, e não descubras os fugitivos". (N.T.)

FREDERICK DOUGLASS

ele ousasse assumir uma responsabilidade tão incomum para uma pessoa em sua situação; e fui apoiado nesse esforço por calorosos amigos, em especial pelo principal representante da Sociedade Antiescravidão de Massachusetts, o falecido senhor John A. Collins, cujo julgamento, neste caso, coincidiu inteiramente com o meu. A princípio, Douglass não me pareceu muito animado; e afirmou, com genuína timidez, que não seria capaz de desempenhar tarefa tão importante; afinal, aquele caminho jamais fora trilhado; e ele estava, sinceramente, apreensivo com a possibilidade de causar mais mal que bem. Após muita deliberação, contudo, ele concordou em fazer uma experiência; e desde então passou a atuar como principal palestrante da Sociedade Americana Antiescravagista e da Sociedade Antiescravagista de Massachusetts. Seu trabalho foi extremamente profuso, e o sucesso que obteve ao combater o preconceito, conquistar prosélitos e agitar a opinião pública superou em muito as mais otimistas expectativas criadas no início de sua brilhante carreira. Ele porta-se com gentileza e humildade, mas demostrando genuína virilidade e força de caráter. Como orador, distingue-se em *pathos*, sagacidade, analogias, imitações, força de raciocínio e fluência da língua. Há nele aquela união entre racional e emocional indispensável para esclarecer a mente e conquistar o coração dos outros. Que a força dele permaneça sempre a mesma! Que continue "crescendo na graça e no conhecimento de Deus[4]" e possa ser cada vez mais útil para os seres humanos que sofrem, seja em sua terra natal, seja no exterior!

É, sem dúvida, bastante notável que Frederick Douglass, um dos mais eficientes defensores – agora público – da população escrava, seja um escravo fugitivo; e que a população negra livre dos Estados Unidos seja tão habilmente representada por um dos seus, Charles Lenox Remond, cujos

---

[4] Referência ao versículo da Bíblia 2 Pedro 3:18: "Antes crescei na graça e conhecimento de nosso Senhor e Salvador, Jesus Cristo. A ele seja dada a glória, assim agora, como no dia da eternidade". (N.T.)

eloquentes apelos arrancaram aplausos entusiasmados de multidões em ambos os lados do Atlântico. Que os caluniadores da raça negra sejam desprezados por sua baixeza e intolerância de espírito, e daqui em diante parem de falar da "natural inferioridade" daqueles que apenas precisam de tempo e oportunidade para alcançar o mais alto cume da excelência humana.

Pode-se, talvez, questionar se outra população da Terra teria sido capaz de suportar as privações, os sofrimentos e os horrores da escravidão sem se tornar mais corrompida, em escala de humanidade, que os escravos de ascendência africana. Nada faltou fazer para prejudicar seu intelecto, entristecer sua mente, corromper sua natureza moral e extinguir todos os vestígios de sua humanidade; e ainda assim eles têm suportado esplendidamente bem o pesado fardo da revoltante escravidão, a qual lamentam há séculos! Para ilustrar o efeito da escravidão no homem branco – e mostrar que, em tais condições, seu poder de resistência não é superior ao do irmão negro –, Daniel O'Connell, distinto defensor da emancipação universal e o maior advogado da curvada, porém não conquistada, Irlanda, relata a seguinte anedota em seu discurso na Associação pela Derrogação de 31 de março de 1845, no Conciliation Hall, em Dublin: "Não importa", disse o senhor O'Connell, "sob que termo enganoso ela possa tentar se esconder, a escravidão ainda é hedionda. *Ela tem uma tendência natural e inevitável de brutalizar as nobres faculdades do homem.* Um marinheiro americano que naufragou na costa da África, onde foi escravizado por três anos, foi encontrado embrutecido e bestificado ao término desse período – havia perdido todo o poder de raciocínio e, tendo esquecido sua língua nativa, só conseguia balbuciar palavras inarticuladas, uma mistura de árabe e inglês que ninguém conseguia entender e que até ele encontrava dificuldade em pronunciar. E essa foi a bela influência humanizante da escravidão, uma instituição legalizada!". Admitir este extraordinário caso de deterioração mental prova, no mínimo, que o escravo branco pode decair, em escala de humanidade, tanto quanto o negro.

FREDERICK DOUGLASS

O senhor Douglass, muito apropriadamente, escolheu escrever este relato de próprio punho utilizando suas grandes habilidades, em vez de pedir que outra pessoa o fizesse. Trata-se, portanto, de uma obra inteiramente sua; e, considerando quão longa e sombria foi sua vida de escravo e as poucas oportunidades que teve de aprimorar a mente desde que rompeu os grilhões de ferro, ela é, a meu ver, altamente digna de sua mente e de seu coração. Quem a ler sem lágrimas nos olhos, o coração pesado e a alma aflita; sem desenvolver indizível aversão à escravidão e a todos os seus cúmplices, sentindo-se motivado a buscar a imediata derrocada desse sistema execrável; sem estremecer pelo destino do país, à mercê de um Deus virtuoso que está sempre ao lado dos oprimidos, e cuja mão não está encolhida, para que não possa salvar[5]; deve ter um coração de pedra e pode muito bem desempenhar o papel de traficante de escravos e de almas de homens. Estou confiante de que a obra é essencialmente verdadeira em todas as declarações; nenhuma parte do registro foi feita com malícia; nada foi exagerado ou extraído da imaginação; que ele descreve fielmente a realidade, em vez de exagerar um único fato em relação à escravidão nua e crua. A experiência de Frederick Douglass como escravo não foi incomum, e seus sofrimentos não podem ser considerados especialmente penosos; seu caso pode ser visto como um exemplo muito claro do tratamento dispensado aos escravos de Maryland, Estado no qual sabidamente são mais bem alimentados e tratados com menos crueldade que na Geórgia, no Alabama ou em Louisiana. Muitos sofreram incomparavelmente mais, e pouquíssimos nas *plantations* sofreram menos que ele. Ainda assim, quão deplorável foi sua situação! Que terríveis castigos foram infligidos à sua pessoa! Que afrontas ainda mais chocantes foram perpetradas em sua mente! Apesar das nobres faculdades e sublimes aspirações, foi tratado como bruto, inclusive por aqueles que professam o mesmo sentimento de Jesus Cristo! A que terríveis desvantagens foi

---

[5] Referência ao versículo da Bíblia Isaías 59:1: "Eis que a mão do Senhor não está encolhida, para que não possa salvar; nem agravado o seu ouvido, para não poder ouvir". (N.T.)

RELATO DA VIDA DE FREDERICK DOUGLASS

constantemente submetido! Quão desprovido esteve dos conselhos e da ajuda de amigos, mesmo em situações extremas! Quão opressivas foram as noites angustiantes que envolveram o último raio de esperança na escuridão e encheram o futuro de terror e melancolia! Que anseios de liberdade brotaram em seu peito e como, proporcionalmente, sua tristeza aumentou conforme ele crescia, reflexivo e inteligente – demonstrando, desse modo, que um escravo feliz é um homem extinto! Como pensou, raciocinou e sofreu sob o chicote do capataz, com seus membros acorrentados! Que perigos enfrentou no esforço de escapar do terrível destino! E quão notáveis foram sua fuga e a preservação da liberdade em meio a uma nação de impiedosos inimigos!

Esta narrativa contém muitos incidentes comoventes e diversas passagens de grande eloquência e poder; mas creio que a mais emocionante delas seja a descrição que Douglass faz de seus sentimentos enquanto monologa sobre seu destino e suas chances de um dia ser um homem livre, às margens da Baía de Chesapeake – vendo os navios desaparecerem enquanto singram com suas asas brancas à frente do vento e imaginando-as animadas pelo vivo espírito da liberdade. Quem poderia ler essa passagem e permanecer insensível a seu *pathos* e sublimidade? Nela há toda uma biblioteca de pensamentos, sensações e sentimentos alexandrinos – tudo que pode e precisa ser estimulado em forma de protesto, súplica e repreensão contra o crime dos crimes: transformar um homem em posse do seu semelhante! Ó, quão maldito é esse sistema que sepulta e deforma a mente divina do homem, reduz a bestas de quatro patas aqueles que, pela criação, foram coroados com glória e honra, e exalta o comerciante de carne humana, acima de tudo, que chamam Deus! Por que a existência de tal sistema deveria ser prolongada? Ele não pende sempre e somente para o mal[6]? O que sua presença implica senão a ausência de temor a Deus e consideração

---

[6] Referência ao versículo da Bíblia Gênesis 6:5: "E viu o Senhor que a maldade do homem se multiplicara sobre a terra e que toda a imaginação dos pensamentos de seu coração era só má continuamente". (N.T.)

FREDERICK DOUGLASS

pelo homem da parte do povo dos Estados Unidos? Que Deus apresse sua eterna derrocada!

Muitas pessoas são tão profundamente ignorantes quanto à natureza da escravidão que, em sua teimosia, permanecem incrédulas sempre que leem ou ouvem algum relato das crueldades diárias infligidas às vítimas. Elas não negam que os escravos são mantidos como propriedade; mas esse fato terrível, essa exposição às atrocidades ou às selvagens barbáries, não lhes parece uma injustiça. Quando ouvem falar dos açoites cruéis, das mutilações e marcações a ferro, cenas de profanação e sangue, e do banimento de todo o saber e conhecimento, parecem muito indignadas com esses grandes exageros, essas falsas declarações e abomináveis calúnias quanto ao caráter dos fazendeiros sulistas! Como se essas tristes afrontas não fossem o natural resultado da escravidão! Como se fosse menos cruel reduzir um ser humano à condição de objeto que açoitá-lo severamente ou privá-lo dos alimentos e vestuários necessários! Como se chicotes, correntes, esmagadores de polegares, troncos, cães de caça, capatazes, feitores e guardas não fossem indispensáveis para manter os escravos subjugados e proteger seus implacáveis opressores! Como se, na ausência da instituição do casamento, o concubinato, o adultério e o incesto não devessem, necessariamente, proliferar; como se houvesse alguma barreira para proteger a vítima da fúria do espoliador quando todos os direitos da humanidade são aniquilados; como se não fosse exercido, com influência destrutiva, um poder absoluto, admitido sobre a vida e a liberdade! Céticos desse tipo existem em abundância na sociedade. Em poucos casos, a incredulidade surge da falta de reflexão; mas, em geral, ela indica o ódio pelo conhecimento, o desejo de defender a escravidão dos ataques dos inimigos e o desprezo pelos de raça negra, sejam escravizados ou libertos. Tais pessoas hão de tentar, em vão, desacreditar os chocantes relatos de crueldade contra escravos registrados nesta história verídica. O senhor Douglass revelou abertamente o local de seu nascimento, os nomes daqueles que reivindicaram a posse de seu corpo e de sua alma e também

Relato da vida de Frederick Douglass

os nomes daqueles que cometeram os alegados crimes contra a sua pessoa. Suas declarações, portanto, se falsas, podem ser facilmente refutadas.

No decorrer do relato, ele relata duas ocasiões em que presenciou uma crueldade assassina – em uma delas, o fazendeiro atira deliberadamente no escravo de uma plantação vizinha que involuntariamente invadiu seu domínio senhorial em busca de peixes; em outra, um capataz explode os miolos de um escravo que fugiu para um riacho, a fim de escapar do açoite sangrento. O senhor Douglass afirma que, em nenhum desses casos, foi efetuada uma prisão ou investigação judicial. O jornal *Baltimore American* de 17 de março de 1845 relata um caso semelhante de atrocidade, perpetrado com igual impunidade, como segue: "*Atirou em um escravo*. Soubemos, com base na autoridade de uma carta do condado de Charles, Maryland, recebida por um cavalheiro desta cidade, que um jovem chamado Matthews, sobrinho do general Matthews, cujo pai, acredita-se, ocupa um cargo em Washington, matou um dos escravos da fazenda de seu pai com um tiro. A carta afirma que o jovem Matthews, tendo sido deixado no comando da fazenda, deu uma ordem ao servo, que a ignorou, então ele entrou em casa, *pegou uma arma e, voltando ao local, atirou no servo*. Imediatamente, continua a carta, ele fugiu para a residência do pai, onde permanece incólume até hoje". É impossível esquecer o fato de que nenhum proprietário ou feitor de escravos pode ser responsabilizado por qualquer atrocidade perpetrada à pessoa de um escravo, por mais diabólica que seja, se houver apenas o depoimento de testemunhas negras, escravizadas ou libertas. Pelo código de escravos, julga-se que eles, como bestas ou meros animais, não têm competência para testemunhar contra um homem branco. Portanto, na verdade não há nenhuma proteção legal para a população escrava, e pode-se, impunemente, infligir a ela qualquer crueldade.

É possível que a mente humana tenha concebido um estágio de sociedade mais horrível que esse?

O efeito do credo religioso na conduta dos mestres do Sul é vividamente descrito no seguinte relato e prova-se qualquer coisa, menos salutar.

Neste caso específico, é pernicioso no mais alto grau. A declaração do senhor Douglass, neste ponto, é sustentada por grande número de testemunhas, cuja veracidade é incontestável. "A declaração de cristianismo de um senhor de escravos é uma evidente impostura. Ele é um bandido do pior tipo. É um ladrão de homens. Não importa o que se coloca na outra balança."

Leitor! Você está, em simpatia e propósito, com os ladrões de homens ou do lado das oprimidas vítimas? Se prefere os primeiros, então é inimigo de Deus e do homem. Se está ao lado do último, o que ousa fazer por eles? Seja fiel, vigilante e incansável em seus esforços de quebrar cada jugo e libertar os oprimidos. Haja o que houver - custe o que custar -, escreva na bandeira que desfralda ao vento seu lema religioso e político: "NÃO DEVE HAVER CONCESSÕES COM A ESCRAVIDÃO! SEM ALIANÇAS COM SENHORES DE ESCRAVOS!".

W. Lloyd Garrison[7]
Boston, 1.º de maio de 1845

Carta do ilustríssimo senhor Wendell Phillips[8]
Boston, 22 de abril de 1845

Meu caro amigo:

Lembra-se da velha fábula "O homem e o leão", na qual o leão reclama que sua imagem não será tão deturpada "quando os leões escreverem a história"?

Estou feliz de ver chegar esse momento. Por tempo demais tivemos de compreender o caráter da escravidão segundo o testemunho

---

[7] William Lloyd Garrison (1805-1879) foi um proeminente abolicionista, jornalista e reformista social dos Estados Unidos. Foi editor do jornal abolicionista *The Liberator* e um dos fundadores da Sociedade Antiescravagista Americana. (N.T.)

[8] Wendell Phillips (1811-1884) foi um notório advogado abolicionista. (N.T.)

RELATO DA VIDA DE FREDERICK DOUGLASS

involuntário dos mestres. Podemos, de fato, ficar satisfeitos com o que, evidentemente, são os resultados gerais de tal relação, sem tentar verificar em outras fontes como ocorreram em cada caso. Na verdade, aqueles que contemplam, de olhos arregalados, o meio celamim de milho recebido por semana e gostam de contar as chibatadas nas costas dos escravos raramente têm a "essência" necessária para ser reformista e abolicionista. Lembro-me de que, em 1838, muitos esperavam o resultado do experimento feito nas Índias Ocidentais[9] para ingressar em nossas fileiras. Conhecemos esses "resultados" há bastante tempo, mas ah, Deus, poucos foram os convertidos por eles! Um homem deve saber opinar sobre a emancipação por outros critérios que não o aumento da produção de açúcar – e abominar a escravidão não apenas porque ela faz homens passarem fome e mulheres serem açoitadas –, antes de assentar as fundações de sua vida abolicionista.

Fiquei feliz de constatar, ao ler sua história, quão cedo os mais negligenciados filhos de Deus despertam para a compreensão de seus direitos e da injustiça cometida contra eles. A experiência é um professor severo; e, muito antes de aprender o abecê ou saber para onde iam as "velas brancas" de Chesapeake, o senhor começou, na minha percepção, a avaliar a infelicidade do escravo não pela fome, pela miséria, pela labuta ou pelas chibatadas sofridas, e sim pela cruel e degradante morte que rondava sua alma.

Com relação a isso, há uma circunstância que torna suas lembranças particularmente valiosas e faz com que essa compreensão inicial seja ainda mais notável. Você nasceu naquela parte do país onde, segundo nosso conhecimento, a escravidão exibe sua face mais

---

[9] Phillips refere-se ao "experimento" feito nas Índias Ocidentais em 1838, quando a Grã-Bretanha finalmente aboliu o tráfico de escravos e concedeu liberdade aos negros das colônias britânicas. (N.T.)

branda. *Saibamos, então, como ela é na melhor situação – observemos seu lado bom, se é que ele existe, e então coloquemos nossa imaginação em prática e adicionemos linhas escuras à imagem apresentada, conforme viajamos para o Sul, ao Vale da Sombra da Morte (para o homem negro), por onde corre o Mississippi.*

Nós o conhecemos há muito tempo e temos total confiança em sua versão dos fatos, em sua franqueza e sinceridade. Todos que o escutaram falar sentem o mesmo, e estou certo de que cada leitor também o fará, convencido de que você apresentou uma versão justa dos fatos. Não se trata de um retrato unilateral – com reclamações generalizadas –; esta obra mostra o que ocorre quando a justiça é feita e a bondade individual neutraliza, por alguns momentos, o mortal sistema ao qual estranhamente se aliou. Já faz alguns anos que você vive entre nós, de maneira que pode comparar bastante bem o alvorecer de direitos desfrutados pela sua raça no Norte e a total ausência deles ao Sul da linha Mason e Dixon. Diga-nos, afinal, se os negros libertos e fugidos de Massachusetts estão em pior situação que os "mal-acostumados" escravos das plantações de arroz!

Após ler sobre sua vida, ninguém pode dizer que selecionamos, de modo parcial, alguns raros exemplos de crueldade. Sabemos que não são meros exageros nem angústias individuais, e que essa bebida amarga que você teve de engolir faz parte da sorte de cada escravo. Ela é o principal ingrediente desse sistema, não resultados ocasionais.

Por fim, lerei seu livro temendo e sofrendo com você. Alguns anos atrás, quando estava prestes a me dizer seu verdadeiro nome e local de nascimento, deve se lembrar de que eu o impedi e preferi não saber. Com exceção de uma vaga descrição, permaneci ignorante até outro dia, quando você leu suas memórias para mim. Eu não

RELATO DA VIDA DE FREDERICK DOUGLASS

sabia, na ocasião, se devia agradecer-lhe ou não por tê-las compartilhado comigo, pois refleti que, em Massachusetts, homens honestos ainda se viam em perigo por revelarem seu nome! Dizem que os fundadores assinaram a Declaração de Independência de 1776 apesar do risco da forca. Você também publicou sua declaração de liberdade cercado de perigos. Em todas as vastas terras protegidas pela Constituição dos Estados Unidos, não há único local – povoado ou não – em que um escravo fugido possa se instalar e dizer: "Estou seguro". O arsenal e a lei do Norte não podem protegê-lo. Digo, sem me envergonhar, que em seu lugar talvez houvesse jogado o manuscrito no fogo.

Talvez você possa contar sua história em segurança, benquisto como é por tantos corações calorosos graças a seus raros talentos e à mais rara devoção da parte deles em ajudar o próximo. Isso se deve somente a seu trabalho e aos destemidos esforços daqueles que, passando por cima das leis e da Constituição do país em que vivem, estão determinados a "esconder os párias" e fazer de seu lar um refúgio para os oprimidos, a fim de que, cedo ou tarde, os mais humildes tenham liberdade de andar nas ruas e testemunhar em segurança contra as crueldades de que foram vítimas.

No entanto, é triste pensar que esses mesmos corações palpitantes que apreciam sua história e são capazes de protegê-lo para que possa contá-la batam no sentido contrário ao "estatuto a que ela se aplica". Siga em frente, meu caro amigo, até que você e aqueles que, do mesmo modo, foram salvos do sombrio cativeiro possam transformar esses batimentos livres e ilegais em estatutos; e a Nova Inglaterra, separada de uma União suja de sangue, seja louvada como a casa e o refúgio dos oprimidos; não se limitando apenas a "esconder o rejeitado" ou a permanecer apática enquanto ele é caçado no próprio solo; e que ela seja novamente consagrada como o solo dos peregrinos, o refúgio dos oprimidos, passando a recepcionar bondosa e ruidosamente o

FREDERICK DOUGLASS

fugitivo, a fim de que as boas-vindas cheguem a cada cabana de escravos das Carolinas e que os corações tristes de seus habitantes deem um pulo de alegria ao pensar na velha Massachusetts.

Que esse dia não tarde!

Até então, do sempre seu,
Wendell Phillips

Capítulo 1

Eu nasci em Tuckahoe, próximo a Hillsborough e a cerca de dezenove quilômetros de Easton, no condado de Talbot, em Maryland. Não sei ao certo minha idade, pois nunca vi nenhum registro que a comprovasse. A grande maioria dos escravos sabe tanto a respeito de sua idade quanto os cavalos, e, pelo que sei, a maior parte dos mestres deseja que eles permaneçam ignorantes. Não me lembro de ter conhecido um que conseguisse dizer o seu aniversário. Raramente um escravo sabe algo mais que a época de plantio e de colheita, da temporada de cerejas, primavera ou outono. A falta de informações sobre minha idade foi uma fonte de infelicidade durante a infância. As crianças brancas diziam prontamente sua idade. Eu não sabia dizer por que fora privado do mesmo privilégio. E não tinha permissão de fazer perguntas a meu mestre quanto a isso. Ele considerava tais indagações por parte de um escravo inadequadas e impertinentes, os indícios de uma alma inquieta. A melhor estimativa é que tenho agora entre 27 e 28 anos. Cheguei a essa conclusão ao ouvir meu mestre dizer, em algum momento de 1835, que eu tinha cerca de 17 anos.

Minha mãe se chamava Harriet Bailey. Era filha de Isaac e Betsey Bailey, ambos negros de pele bastante escura. Minha mãe era ainda mais escura que minha avó e meu avô.

Meu pai era branco. Tudo que ouvi falar sobre minha ascendência aponta para essa conclusão. Também cochichavam que meu pai era o mestre; mas não tenho como atestar a veracidade dessa afirmação; os meios de saber me foram negados. Minha mãe e eu fomos separados quando eu era bebê – antes que eu soubesse que ela era minha mãe. É muito comum, nesta região de Maryland da qual fugi, separar os filhos das mães desde cedo. Frequentemente, antes que completem 1 ano, os mestres tomam os bebês das mães, que alugam a alguma fazenda consideravelmente distante, e deixam a criança sob os cuidados de uma escrava anciã, velha demais para o trabalho no campo. Por que fazem isso não sei, a menos que seja para impedir que a criança desenvolva afeição pela mãe e para destruir a natural afeição que brota entre os dois. Esse é o inevitável resultado.

Nunca vi minha mãe, a ponto de reconhecê-la, mais que quatro ou cinco vezes na vida; e esses momentos, que ocorriam sempre à noite, eram muito breves. Ela foi alugada para um tal senhor Stewart, que morava a quase vinte quilômetros de casa. Para me ver à noite, fazia uma verdadeira viagem, percorrendo essa distância a pé, após trabalhar o dia inteiro. Ela era escrava de campo, e a penalidade por não estar no campo ao nascer do sol é o açoite, a não ser que o escravo tenha obtido uma permissão especial do mestre ou da patroa para tal – o que raramente ocorre, a menos que aquele que a conceda seja o que chamam orgulhosamente de "um bom mestre". Não me lembro de alguma vez ter visto minha mãe à luz do dia. Ela me visitava à noite. Deitava-se comigo e me punha para dormir, mas quando eu acordava já tinha ido embora havia muito tempo. Quase não havia comunicação entre nós. A morte logo acabou com o pouco contato que poderíamos ter enquanto minha mãe vivesse e, então seus infortúnios e sofrimentos chegaram ao fim. Ela morreu quando eu tinha cerca de 7 anos, em uma das fazendas do meu mestre, perto de Lee's Mill. Não me permitiram vê-la quando estava doente ou morta, nem mesmo ir a seu enterro. Ela partiu muito antes de eu saber o que havia acontecido. Nunca pude desfrutar, por um tempo considerável, de sua presença consoladora, de seus ternos e zelosos cuidados, e recebi a notícia de sua morte com a mesma emoção que provavelmente sentiria com a morte de um estranho.

Como a mandaram subitamente para longe, ela me deixou sem a menor indicação quanto à identidade do meu pai. O boato de que ele era meu mestre podia ou não ser verdade; e, de todo modo, isso não tinha grande importância para mim, já que não mudava o abominável fato de que os senhores de escravos haviam decretado e por lei estabelecido que os filhos das escravas seguissem, em todos os casos, a condição de suas mães; fato que, muito evidentemente, fora instituído também para administrar os desejos dos mestres e tornar lucrativa, bem como aprazível, a satisfação de seus perversos desejos; pois com esse arranjo astuto o senhor de escravos, em muitos casos, mantinha com seus servos a dupla relação de mestre e pai.

Soube de muitos casos assim e posso dizer com propriedade que tais escravos, invariavelmente, sofrem mais adversidades e provações que os outros. Em primeiro lugar, são considerados uma constante afronta à patroa. Ela está sempre disposta a criticá-los e é muito difícil lhe agradar; na verdade, ela só fica feliz ao vê-los açoitados, especialmente quando suspeita de que o marido concede a seus filhos mulatos os favores que nega a escravos negros. É frequente que o mestre se veja obrigado a se livrar dessa classe de escravos, em respeito aos sentimentos da esposa branca; e, mesmo que possa parecer cruel vender os próprios filhos a mercadores de homens, o mestre considera essa atitude mais como uma questão de humanidade. Se não fizer isso, será obrigado a açoitá-los pessoalmente ou ver um filho branco amarrar o irmão, cuja pele é ligeiramente mais escura que a dele, e estalar a sangrenta chibata em suas costas nuas; e, se porventura murmurar uma única palavra de desaprovação a tal cena, sua parcialidade de pai será provada, o que só torna as coisas piores tanto para si quanto para o escravo a quem deseja proteger e defender.

FREDERICK DOUGLASS

Cada ano novo faz nascer hordas de escravos nessas condições. Foi, sem dúvida, ao saber desse fato que um grande estadista do Sul previu a derrocada da escravidão pelas inevitáveis leis da teoria populacional. Contudo, independentemente do cumprimento dessa previsão, é evidente que surge no Sul uma classe de pessoas que, embora sejam mantidas na escravidão, têm aparência muito distinta da dos escravos originalmente trazidos da África; e, ainda que esse aumento populacional não traga benefícios, pelo menos acabará com o argumento de que Deus amaldiçoou Cam[10], logo a escravidão americana é justificável. Se os descendentes lineares de Cam são os únicos a serem escravizados, segundo as escrituras, é certo que a escravidão no Sul logo estará em desacordo com a Bíblia; pois todos os anos são introduzidos no mundo milhares de pessoas que, como eu, devem sua existência a pais brancos que, frequentemente, são seus próprios mestres.

Tive dois mestres. O nome do primeiro era Anthony. Não me lembro do seu primeiro nome. Ele era geralmente chamado de capitão Anthony – um título que, presumo, adquiriu comandando uma embarcação na Baía de Chesapeake. Não era considerado um senhor de escravos rico. Tinha duas ou três fazendas e cerca de trinta escravos. Suas fazendas e seus escravos estavam sob os cuidados de um feitor. O nome do feitor era Plummer. O senhor Plummer era um bêbado miserável, um blasfemador profano e um monstro violento. Andava sempre armado com um couro de vaca e um pesado porrete. Soube que cortou e retalhou de modo tão horrível a cabeça de algumas mulheres que até mesmo meu mestre ficou furioso com sua crueldade e ameaçou açoitá-lo se ele não parasse com aquilo. Meu mestre, contudo, não era um senhor de escravos bondoso. Apenas uma extraordinária barbárie da parte do feitor o afetava. Era um homem cruel, endurecido por uma longa vida como senhor de escravos. Ele, inclusive, parecia ter grande prazer em açoitar seus servos. Muitas

---

[10] Personagem bíblico, um dos filhos de Noé, segundo o livro de Gênesis. (N.T.)

Relato da vida de Frederick Douglass

vezes fui acordado ao amanhecer com os gritos lancinantes da minha tia, a quem ele costumava amarrar a uma viga e surrar até as costas nuas ficarem, literalmente, cobertas de sangue. Nenhuma palavra, lágrima ou prece da vítima ferida parecia comover seu coração de pedra. Quanto mais alto ela gritava, mais forte ele açoitava; sempre mirando no local de onde jorrava mais sangue. Ele a açoitava para fazê-la gritar e calar; e só parava de brandir o couro de vaca encharcado de sangue quando o cansaço o vencia. Lembro-me da primeira vez que testemunhei essa terrível exibição. Eu era muito pequeno, mas me lembro bem. Nunca me esquecerei daquilo enquanto tiver memória. Foi a primeira de uma longa série de afrontas que eu estava condenado a testemunhar e vivenciar. Aquilo me atingiu com uma força terrível. Essa passagem sangrenta, que eu estava prestes a cruzar, foi minha porta de entrada para o inferno da escravidão. Que espetáculo pavoroso. Gostaria de poder colocar em palavras os sentimentos que me invadiram quando presenciei aquilo.

Esse caso ocorreu logo depois que fui morar com meu antigo mestre e de acordo com as circunstâncias que narrarei. Tia Hester saiu uma noite – aonde ela foi, ou por qual motivo, não sei – e não estava em casa quando meu mestre desejou vê-la. Ele ordenou que ela não saísse à noite e avisou que não queria vê-la na companhia daquele rapaz pertencente ao coronel Lloyd, que vinha lhe dando bastante atenção. O nome do jovem era Ned Roberts, mas todos o chamavam de Ned do Lloyd. Ninguém sabia por que meu mestre zelava tanto por ela, mas não era difícil imaginar o motivo. Seu porte era nobre, e suas formas, graciosas; poucas mulheres brancas e negras das redondezas tinham beleza igual ou superior à dela.

Tia Hester não apenas desobedeceu às ordens ao sair como também foi encontrada na companhia de Ned do Lloyd; e essa circunstância, pelo que ele revelou enquanto a açoitava, foi a principal ofensa. Se estivéssemos falando de um homem com princípios éticos puros, seria possível imaginar que seu interesse era proteger a inocência de minha tia; mas aqueles que o conheceram sabiam que ele não tinha tais virtudes. Antes de começar a

Frederick Douglass

açoitar tia Hester, ele a levou até a cozinha e a despiu do pescoço à cintura, deixando o pescoço, os ombros e as costas inteiramente nus. Mandou que ela cruzasse as mãos, chamando-a, ao mesmo tempo, de m——a v——a[11]. Amarrou as mãos dela com uma corda grossa e levou-a até um banquinho embaixo de um grande gancho pendurado na viga, colocado lá com este propósito. Ele a fez subir no banquinho e prendeu as mãos no gancho. Ela agora estava pronta para seus intentos malignos. Os braços de tia Hester estavam totalmente esticados, de maneira que ela precisava ficar na ponta dos pés. Então ele disse: "Agora, sua m——a v——a, vou ensiná-la a não desobedecer às minhas ordens!" e depois de arregaçar as mangas começou a surrá-la com o pesado couro de vaca, logo o sangue quente e vermelho (acompanhado dos gritos desesperados dela e das terríveis imprecações dele) começou a pingar no chão. Fiquei tão apavorado e horrorizado com essa visão que me escondi em um armário e não ousei sair até terminada a sangrenta operação. Achei que seria o próximo. Era tudo novo para mim. Nunca tinha visto nada semelhante antes. Sempre havia vivido com minha avó, nos arredores da plantação, onde ela tinha sido instalada para criar os filhos das mulheres mais jovens. Portanto, não havia presenciado, até então, as cenas sangrentas que frequentemente ocorriam na plantação.

---

[11] "Maldita vadia"; no original, d—— d b—— h, *damned bitch*. (N.T.)

Capítulo 2

A família do meu mestre consistia em dois filhos, Andrew e Richard, uma filha, Lucretia, e seu marido, o capitão Thomas Auld. Todos moravam em uma só residência, a Casa-Grande da plantação do coronel Edward Lloyd. Meu mestre era o administrador e superintendente do coronel Lloyd. Era o que podemos chamar de "feitor dos feitores". Passei dois anos da minha infância nessa plantação, com a família do meu antigo mestre. Foi ali que testemunhei a cena sangrenta registrada no primeiro capítulo; e, já que recebi minhas primeiras impressões da escravidão nessa plantação, farei algumas descrições do local e de como era ser escravo lá. A plantação situava-se cerca de dezenove quilômetros ao norte de Easton, no condado de Talbot e na fronteira do Rio Miles. Os principais produtos cultivados nela eram tabaco, milho e trigo. Estes existiam em abundância, de maneira que, com os produtos dessa e de outras fazendas que pertenciam ao coronel, era possível manter regularmente uma grande chalupa, que os transportava até o mercado em Baltimore. Essa embarcação se chamava *Sally Lloyd*, em homenagem a uma das filhas do coronel. O genro do meu

FREDERICK DOUGLASS

mestre, o capitão Auld, era o comandante do navio, tripulado por alguns escravos do coronel, cujos nomes eram Peter, Isaac, Rich e Jake. Eles eram muito estimados por seus semelhantes e vistos como privilegiados na plantação, pois não era pouca coisa, aos olhos dos escravos, receber permissão de ver Baltimore.

O coronel Lloyd mantinha de trezentos a quatrocentos escravos na plantação doméstica e tinha número ainda maior nas fazendas vizinhas. As propriedades próximas à plantação doméstica eram Wye Town e New Design. A Wye Town estava sob supervisão de um homem chamado Noah Willis. A New Design era gerida por certo senhor Townsend. Os feitores destas e das demais fazendas do coronel, que totalizavam mais de vinte, recebiam conselhos e orientações dos administradores da plantação doméstica. Essa era o grande local de negócios, a sede do governo para as vinte fazendas. Todas as disputas entre feitores eram resolvidas ali. Se um escravo era condenado por algum delito grave, tornava-se incontrolável ou demonstrava intenção de fugir, era levado imediatamente para lá, severamente açoitado, colocado a bordo da chalupa, transportado até Baltimore e vendido, como aviso aos escravos restantes, para Austin Woolfolk ou qualquer outro mercador de escravos.

Também era lá que os escravos das outras fazendas recebiam a ração mensal de comida e as roupas anuais. Os homens e as mulheres escravizados recebiam, como ração mensal de alimento, oito libras de carne de porco, ou o equivalente em peixe, e um celamim de fubá. As roupas anuais consistiam em duas camisas de algodão grosso, um par de calças do mesmo tecido, uma jaqueta, um par de calças de inverno, feitas de um tecido preto grosso, um par de meias e um par de sapatos. Tudo isso não devia custar mais que sete dólares. A ração das crianças escravas era dada às mães ou às anciãs que cuidavam delas. As crianças incapazes de trabalhar no campo não recebiam sapatos, meias, jaquetas ou calças; suas roupas consistiam em duas camisas de algodão grosso por ano. Se as roupas estragassem, andavam nuas até receber a próxima ração. Crianças de 7 a 10 anos quase nuas e de ambos os sexos podiam ser vistas em todas as estações do ano.

Os escravos não tinham cama. Um cobertor grosseiro, que apenas homens e mulheres recebiam, fazia as vezes de leito. Isso, contudo, não era considerado uma grande privação. Eles sentiam menos a falta de cama que a privação de sono; pois, quando terminava o dia de trabalho no campo, a maior parte deles ainda precisava lavar, remendar roupas e cozinhar. E, com pouca ou nenhuma instalação adequada para esse propósito, gastavam as horas de sono nos preparativos para o dia seguinte no campo. Depois disso, velhos e jovens, homens e mulheres, casados e solteiros deitavam-se lado a lado em uma cama comum – sobre o chão frio e úmido –, cada qual agarrado a seu cobertor miserável; e ali dormiam até soar a corneta do capataz convocando-os para o campo. A esse chamado, todos eram obrigados a se levantar. Atrasos não eram tolerados; todos deviam estar em seus postos; e ai daquele que não ouvisse a convocação matinal para o campo; pois, se não conseguia acordar pela audição, era despertado pelo tato. Não havia clemência, e isso valia para qualquer idade ou sexo. O senhor Severo, o capataz, costumava ficar na porta do alojamento, armado com um grande bastão de nogueira e um pesado couro de vaca, pronto para açoitar qualquer um que tivesse a infelicidade de não escutar o chamado ou que, por algum outro motivo, não estivesse de prontidão no campo ao som da corneta.

O nome Severo lhe caía muito bem: era um homem cruel. Eu o vi açoitar uma mulher por meia hora, até o sangue escorrer; e isso diante dos filhos dela, que choraram implorando que ele soltasse a mãe. Ele parecia sentir prazer em manifestar sua diabólica barbárie. Além de cruel, era um blasfemador profano. Sua fala era capaz de gelar o sangue e arrepiar os cabelos de qualquer homem. Era raro que ele iniciasse ou concluísse uma frase sem uma horrenda imprecação. O campo era o lugar certo para exercer sua crueldade e profanidade. Sua mera presença transformava o local em um campo de sangue e blasfêmias. Do nascer ao pôr do sol, ele amaldiçoava, esbravejava, açoitava e golpeava os escravos da maneira mais assustadora possível. Sua vida foi curta. Morreu pouco tempo depois que passei a pertencer ao coronel Lloyd; e morreu como viveu, proferindo, entre gemidos agonizantes, amargas maldições e terríveis blasfêmias. Sua morte foi vista pelos escravos como resultado de uma providência misericordiosa.

O lugar do senhor Severo foi preenchido por um tal de senhor Hopkins, um homem bem diferente. Não era tão cruel e profano, e fazia menos barulho que o senhor Severo. Sua trajetória não foi caracterizada por grandes demonstrações de crueldade. Ele açoitava, mas não parecia ter prazer com isso. Os escravos o consideravam um bom capataz.

A plantação doméstica do coronel Lloyd parecia um vilarejo do interior. As operações mecânicas de todas as fazendas eram realizadas ali. A manufatura de calçados, os reparos de roupas, o serviço de ferraria, o conserto de carroças, a tanoaria, a tecelagem e a moagem de grãos eram realizados pelos escravos na plantação doméstica. O lugar inteiro tinha aspecto comercial muito diferente das fazendas vizinhas. O número de casas também contribuiu para lhe conferir vantagem sobre as fazendas vizinhas. Ela era chamada pelos escravos de *fazenda da Casa-Grande*. Poucos privilégios eram tão valorizados pelos escravos das fazendas quanto ser selecionado para realizar tarefas na fazenda da Casa-Grande. Para eles, o local estava associado à grandeza. O representante eleito do Congresso americano não poderia estar mais orgulhoso que o escravo de uma fazenda externa escolhido para executar tarefas na fazenda da Casa--Grande. Eles consideravam esse privilégio uma prova da grande confiança que os feitores depositavam neles; e, por causa disso e do constante desejo de estar fora do campo, longe do chicote do capataz, acreditavam que era algo pelo qual valia a pena viver. O rapaz que frequentemente recebia essa honra era considerado o escravo mais inteligente e confiável. Os concorrentes a esse posto buscavam diligentemente agradar aos feitores do mesmo modo que os candidatos a cargos em partidos políticos procuram agradar ao povo e enganá-lo. Os mesmos traços de caráter podiam ser vistos tanto nos escravos do coronel Lloyd quanto nos dos partidos políticos.

Os servos selecionados para ir até a fazenda da Casa-Grande buscar suas rações mensais e as dos companheiros ficavam peculiarmente entusiasmados. Durante o trajeto, entoavam por quilômetros suas canções selvagens pela densa e antiga floresta, revelando, ao mesmo tempo, imensa alegria e a mais profunda tristeza. Compunham e cantavam conforme avançavam, sem se importar com o ritmo ou o tom. Exprimiam qualquer pensamento que lhes ocorria, se não em palavras, em sons, e frequentemente tanto de um modo quanto de outro. Por vezes cantavam o mais patético sentimento no mais arrebatador tom e o mais arrebatador sentimento no mais patético tom. Em meio a tantas canções, ainda encontravam tempo para devanear sobre a fazenda da Casa-Grande. Faziam isso, em especial, quando saíam de casa. Assim que se afastavam, começavam a cantar exultantemente: "Estou indo para a fazenda da Casa--Grande! Ah, sim! Ah, sim! Ah!".

Entoavam essa canção em coro, com palavras que, para muitos, pareceriam tolas e sem sentido, mas no entanto eram cheias de significado para eles. Às vezes penso que algumas pessoas ficariam muito impressionadas com o horrendo caráter da escravidão se simplesmente escutassem essas canções mais que se lessem volumes inteiros de filosofia sobre o assunto.

Quando escravo, eu não entendia o significado profundo daquelas canções rudes e aparentemente incoerentes. Eu estava dentro daquele círculo, de maneira que não as via ou ouvia como aqueles que não podiam vê-las ou ouvi-las. Elas narravam uma história de infortúnios, naquela época, completamente além de minha frágil compreensão; e eles a cantavam em tons altos, longos e profundos, exprimindo preces e queixas de almas que transbordavam com a mais amarga angústia. Cada nota eram um testemunho contra a escravidão e uma prece para que Deus rompesse aqueles grilhões. Ouvir aquelas canções rústicas sempre me deixava abatido, cheio de inefável tristeza. Com frequência eu me flagrava chorando ao ouvi-las. A mera repetição dessas canções, mesmo agora, me aflige; e, enquanto escrevo estas linhas, a expressão de um sentimento já encontra seu caminho e agora escorre pela minha bochecha. Com relação a essas canções, traço meu primeiro conceito quanto ao caráter desumanizador da escravidão. Nunca poderei me livrar desse conceito. Essas canções ainda me seguem para aprofundar meu ódio pela escravidão e incitar minhas simpatias com meus irmãos acorrentados. Se alguém deseja se impressionar com o aniquilante efeito da escravidão na alma de um homem, vá até a plantação do coronel Lloyd no dia das rações, esconda-se no meio da floresta de pinheiros e lá, em silêncio, ouça a melodia penetrar nas câmaras de sua alma – e, se depois disso ainda não estiver impressionado, será simplesmente porque "Não há carne em seu coração de pedra[12]".

Muitas vezes fiquei absolutamente surpreso, desde que vim para o Norte, ao encontrar pessoas que afirmavam que o canto dos escravos era uma evidência de seu contentamento e felicidade. É impossível conceber erro maior. Quando estão profundamente infelizes é que os escravos cantam mais. As canções representam as tristezas de seu coração, e eles sentem alívio ao cantá-las, como um coração que sofre é aliviado pelas lágrimas. Pelo menos essa é minha impressão. Muitas vezes cantei para afogar as mágoas, mas raramente para expressar felicidade. Chorar e

---

[12] Referência ao versículo da Bíblia Ezequiel 36:26: "E dar-vos-ei um coração novo, e porei dentro de vós um espírito novo; e tirarei da vossa carne o coração de pedra, e vos darei um coração de carne". (N.T.)

cantar de alegria eram duas coisas incomuns para mim enquanto estava nas garras da escravidão. O canto de um homem naufragado, lançado em uma ilha deserta, pode ser considerado uma evidência de contentamento e felicidade tanto quanto o canto do escravo; as canções de um e do outro são movidas pela mesma emoção.

Capítulo 3

O coronel Lloyd mantinha um grande e bem cultivado jardim, que fornecia trabalho quase constante a quatro homens, além do jardineiro-chefe (o senhor M'Durmond). Esse jardim, provavelmente, era a maior atração do local. Nos meses de verão, as pessoas vinham de longe e de perto – de Baltimore, Easton e Annapolis – para vê-lo. Estava repleto de todo tipo de fruta, da robusta maçã do Norte à delicada laranja do Sul. Esse jardim não era a menor fonte de problemas na plantação. Seus deliciosos frutos eram uma enorme tentação para a horda de meninos famintos, bem como para os escravos mais velhos, pertencentes ao coronel, poucos dos quais tinham a virtude ou a fraqueza de resistir a eles. Quase não se passava um dia, durante o verão, sem que um escravo fosse açoitado por roubar frutas. Para manter seus servos fora do jardim, o coronel teve de recorrer a todo tipo de estratagema. O último e mais bem-sucedido deles foi cobrir de piche a cerca que o protegia; depois disso, se um escravo era pego com piche no corpo, não havia dúvida de que estivera ou tentara entrar no jardim. Em todo caso, era severamente açoitado pelo jardineiro-chefe. O plano funcionou bem; os escravos ficaram com tanto medo do piche

RELATO DA VIDA DE FREDERICK DOUGLASS

quanto da chibata. Aparentemente perceberam que era impossível tocar no piche sem se sujar.

O coronel também tinha um esplêndido conjunto de veículos. O estábulo e a cocheira pareciam as estrebarias de grandes cidades. Seus cavalos eram os mais belos e de sangue mais nobre. Sua cocheira continha três magníficas carruagens, três ou quatro cabriolés, além de berlindas e das *barouches*[13] mais modernas que se podia encontrar.

Esse estabelecimento estava sob os cuidados de dois escravos – o velho Barney e o jovem Barney –, pai e filho. Cuidar desse estabelecimento era o único trabalho deles. Mas não era, de forma nenhuma, uma tarefa fácil; o coronel Lloyd era mais exigente com a supervisão dos cavalos que com qualquer outra coisa. A menor desatenção era imperdoável, e os homens responsáveis por cuidar dessas criaturas recebiam a mais severa punição. Nenhuma desculpa poderia protegê-los se o coronel suspeitasse de algum descuido com seus cavalos – o que frequentemente fazia, é claro, tornando o ofício do velho e do jovem Barney bastante penoso. Eles nunca sabiam quando estariam a salvo do castigo. Eram açoitados com frequência quando menos mereciam e escapavam incólumes quando mais mereciam. Tudo dependia da aparência dos cavalos e do humor do próprio coronel Lloyd. Se um cavalo não se movia rápido o bastante ou não erguia a cabeça do jeito certo, ele achava que os guardiões haviam cometido alguma falta. Quando alguém mandava trazer um cavalo, era terrível ouvir as várias reclamações que os tratadores tinham de aguentar: "Esse cavalo não recebeu a devida atenção. Não foi escovado e esfregado o bastante ou não foi alimentado da maneira correta; sua comida estava muito molhada ou muito seca; ele a recebeu cedo ou tarde demais; ela estava muito quente ou muito fria; ele tinha muito feno e pouco grão; ou tinha muito grão e pouco feno; o velho Barney não tratou pessoalmente

---

[13] Espécie de carruagem de duas rodas criada na França no século XVIII. Era puxada, normalmente, por quatro cavalos e levava no máximo seis passageiros. Tinha cobertura removível que cobria apenas a metade traseira do veículo. (N.R.)

do cavalo; em vez disso, deixou o filho a cargo do serviço, e este foi malfeito". Um escravo nunca deveria responder uma palavra às reclamações, por mais injustas que fossem. O coronel Lloyd não tolerava ser contrariado por um servo. Quando falava, o escravo devia se levantar, escutar e tremer; e era literalmente o que acontecia. Vi o coronel Lloyd mandar o velho Barney, um homem de seus 50 ou 60 anos de idade, descobrir a cabeça calva, ajoelhar-se no chão frio e úmido e receber sobre os ombros nus e exaustos de tanta labuta mais de trinta chibatadas de uma só vez. O coronel Lloyd tinha três filhos – Edward, Murray e Daniel – e três genros, o senhor Winder, o senhor Nicholson e o senhor Lowndes. Todos viviam na Casa-Grande e desfrutavam do privilégio de açoitar os servos quando bem entendessem, do velho Barney a William Wilkes, o cocheiro. Vi Winder mandar um dos servos domésticos se afastar a uma distância adequada para poder açoitá-lo só com a ponta do chicote, e cada golpe abriu grandes sulcos nas costas.

Descrever a riqueza do coronel Lloyd seria quase como descrever as riquezas de Jó. Ele mantinha de dez a quinze servos domésticos. Falavam que tinha mil escravos, e creio que essa estimativa é bastante acurada. O coronel Lloyd tinha tantos escravos que nem os reconhecia quando os via; e nem todos os escravos das fazendas externas o conheciam. Dizem que um dia, enquanto cavalgava pela estrada, ele encontrou um homem negro e dirigiu-se a ele da maneira usual com que as pessoas costumam falar com os negros nas vias públicas do Sul: – Bem, rapaz, a quem você pertence? – Ao coronel Lloyd – replicou o escravo. – E o coronel trata você bem? – Não, senhor – ele respondeu prontamente. – Ora, ele o faz trabalhar demais? – Sim, senhor. – Bem, mas não lhe dá o bastante para comer? – Sim, senhor, ele me dá o bastante, isso é verdade.

O coronel, após se certificar de para onde ia o escravo, foi embora em seu cavalo; o homem também foi cuidar de sua vida, sem imaginar que havia conversado com o mestre. Ele não ouviu mais nada sobre a questão, nem pensou ou falou sobre ela até duas ou três semanas depois. O pobre homem foi então informado pelo feitor que, por ter criticado o mestre, ele agora seria vendido a um mercador de escravos da Geórgia. Ele foi imediatamente acorrentado e algemado; e assim, sem mais nem menos, foi afastado e separado para sempre da família e dos amigos por uma mão mais implacável que a morte. Essa é a pena por dizer a verdade, a simples verdade, em resposta a uma série de simples perguntas.

É parcialmente por causa desses fatos que a maioria dos escravos, quando indagados sobre sua condição e o caráter de seus mestres, respondem que estão satisfeitos e que os mestres são bondosos. Os senhores de escravos são famosos por colocar espiões entre os servos para verificar suas opiniões e seus sentimentos sobre a escravidão. A frequência dessa prática fez com que se estabelecesse entre os escravos a máxima de que era sempre melhor ficar calado. Eles reprimiam a verdade, em vez de assumir as consequências de dizê-la, e, ao fazê-lo, provam que são realmente humanos. Se têm algo a dizer sobre os mestres, geralmente é a favor deles, em especial quando falam com um desconhecido. Muitas vezes me perguntaram, quando eu era escravo, se meu mestre era bondoso, e não me lembro de ter dado uma resposta negativa; e também, seguindo esse pensamento, de achar que eu estava mentindo, pois sempre julguei a bondade de meu mestre segundo os padrões de benevolência estabelecidos entre os senhores de escravos à nossa volta. Além disso, os escravos são como qualquer outra pessoa e absorvem preconceitos bastante comuns. Consideram o que é seu sempre melhor que o dos outros. Muitos, sob a influência desse preconceito, acham os próprios mestres melhores que os dos outros escravos; e isso também, em alguns casos, revela-se o oposto. De fato, não é incomum que servos discutam sobre a relativa bondade dos mestres e acabem até brigando, cada qual afirmando a bondade superior do seu senhor. Ao mesmo tempo, condenam mutuamente os mestres quando estão sozinhos. Era assim na nossa plantação. Quando os servos do coronel Lloyd encontravam os de Jacob Jepson, era raro não haver uma discussão sobre os mestres. Os escravos do coronel alegavam que ele era o mais rico, e os do senhor Jepson, que ele era o mais inteligente e viril. Os do coronel Lloyd diziam, se gabando, que seu mestre podia comprar e vender Jacob Jepson. Os do senhor Jepson diziam que seu mestre seria capaz de dar uma surra no coronel Lloyd. Essas discussões quase sempre terminavam em briga entre os dois grupos, e aqueles que eram açoitados por causa do tumulto supostamente venciam a discussão. Pareciam pensar que a grandeza dos mestres se estendia a eles. Já era ruim ser escravo; mas ser escravo de um homem pobre era uma desgraça ainda pior!

Capítulo 4

O senhor Hopkins permaneceu por pouco tempo no ofício de capataz. Por que sua carreira foi tão curta, não sei, mas suponho que ele não tivesse a severidade necessária para agradar ao coronel Lloyd. O senhor Hopkins foi sucedido pelo senhor Austin Gore, um homem que tinha, em grau eminente, todos os traços de caráter indispensáveis para ser o que os senhores chamam de "bom capataz". O senhor Gore havia servido ao coronel Lloyd como feitor de uma das fazendas externas e provara-se digno do alto posto de capataz na fazenda da Casa-Grande.

O senhor Gore era orgulhoso, ambicioso e persistente. Era ardiloso, cruel e obstinado. Era o homem certo para um lugar daqueles, e aquele era o lugar certo para um homem daqueles. Lá ele tinha permissão de exercer plenamente seus poderes e parecia bastante à vontade naquele papel. Era daqueles feitores que interpretam um simples olhar, um gesto ou uma palavra trivial do escravo como insolência e o pune de acordo. Ninguém podia retrucar, pois um escravo não tinha permissão de se explicar, mesmo que houvesse sido acusado injustamente. O senhor Gore agia em completo acordo com a máxima estabelecida pelos senhores de

FREDERICK DOUGLASS

escravos: "É melhor que uma dúzia de servos sofram com a chibata que o feitor demonstrar, na presença deles, ter se enganado". Mesmo que o escravo fosse inocente – quando se era acusado de contravenção pelo senhor Gore, nada tinha importância. Ser acusado significava ser condenado, e ser condenado significava ser punido; essas duas coisas sempre andavam juntas, com imutável certeza. Escapar da punição era escapar da acusação; e poucos escravos tiveram a sorte de conseguir um ou outro sob a feitoria do senhor Gore. Ele era orgulhoso o bastante para exigir a mais humilhante reverência do escravo e servil o bastante para rastejar aos pés do mestre. Era ambicioso o bastante para se contentar com nada menos que a mais alta posição entre os feitores e perseverante o bastante para concretizar sua ambição. Era cruel o bastante para infligir a mais severa punição, engenhoso o bastante para criar os mais baixos ardis e obstinado o bastante para ser insensível à voz reprovadora de sua consciência. Ele era, de todos os capatazes, o mais temível. Sua presença era perturbadora, seus olhos provocavam confusão, e sua voz aguda e cortante sempre espalhava horror e estremecimento.

O senhor Gore era um homem grave e, embora fosse jovem, não se permitia fazer piadas, não dizia pilhérias e raramente sorria. Suas palavras estavam em perfeita sintonia com sua aparência, e sua aparência estava em perfeita sintonia com suas palavras. Às vezes os capatazes trocavam gracejos com os escravos, mas não era o caso do senhor Gore. Ele só falava para comandar, e comandava para ser obedecido, distribuindo com moderação as palavras e abundantemente as chibatadas, nunca preferindo as primeiras às últimas. Quando açoitava alguém, parecia fazê-lo com senso de dever, sem temer as consequências. Não fazia nada com relutância, independentemente de quão desagradável fosse a tarefa; ocupava sempre seu posto com a mesma previsibilidade. E nunca prometia nada que não pudesse cumprir. Era, em resumo, um homem dotado da mais inflexível determinação e da mais sólida frieza.

Sua violenta brutalidade igualava-se apenas à frieza com que cometia os mais insensíveis e selvagens atos contra os escravos sob seu comando.

Relato da vida de Frederick Douglass

Certa vez, o senhor Gore prometeu açoitar Demby, um dos escravos do coronel Lloyd. Mal começara a açoitá-lo quando Demby, para se livrar do flagelo, correu, mergulhou em um riacho e lá ficou, com água até o ombro, recusando-se a sair. O senhor Gore disse que só o mandaria sair três vezes e que se ele não obedecesse na terceira ordem atiraria nele. Ele ordenou que saísse. Demby não respondeu e permaneceu na mesma posição. A segunda e a terceira ordens foram dadas com o mesmo resultado. O senhor Gore, então, sem consultar ninguém, sem nem sequer dar a Demby uma ordem adicional, ergueu o mosquete até o rosto da vítima, mirou certeiramente e num instante o pobre Demby estava morto. Seu corpo estraçalhado afundou longe da nossa vista, e o sangue e os miolos que boiavam marcaram o local onde ele estivera.

Uma sensação de horror passou por cada alma da plantação, exceto pelo senhor Gore. Ele parecia frio e calmo. O coronel Lloyd e meu antigo mestre lhe indagaram por que ele havia recorrido a esse expediente extraordinário. Ele respondeu (pelo que me lembro) que Demby se tornara incontrolável, dera um perigoso exemplo aos outros escravos e que se ele deixasse aquilo passar sem nenhuma retaliação de sua parte haveria, finalmente, uma total subversão de todas as regras e ordens na plantação. Argumentou que, quando um servo se recusa a ser corrigido e escapa com vida, os outros logo copiam seu exemplo; e o resultado seria a liberdade dos escravos e a escravidão dos brancos. A defesa do senhor Gore foi satisfatória. Ele continuou ocupando o posto de capataz na plantação doméstica. Sua fama de capataz se espalhou, mas o horrendo crime não foi sequer submetido a investigação judicial. Ele fora cometido na presença de escravos, e estes, é claro, não podiam instaurar um processo ou testemunhar contra o capataz, de maneira que o perpetrador do assassinato sangrento e sórdido escapou incólume da justiça, livre da censura da comunidade em que vivia. O senhor Gore residia em St. Michaels, no condado de Talbot, Maryland, quando saí de lá; e, se ainda está vivo, muito provavelmente continua morando lá, sendo tão estimado e respeitado agora quanto naquela época, como se sua alma culpada não houvesse sido conspurcada com o sangue de seu irmão.

Falo conscientemente quando digo isto: matar um escravo ou qualquer pessoa negra no condado de Talbot, Maryland, não é visto como crime pelos tribunais ou pela comunidade. O senhor Thomas Lanman, de St. Michaels, assassinou dois escravos, um dos quais matou com uma machadinha, arrebentando sua cabeça. Ele costumava se gabar de ter cometido esse terrível e sangrento ato. Eu o ouvi fazendo isso em tom de brincadeira, dizendo, entre outras coisas, que naquele grupo ele era o único benfeitor do seu país e que, quando outros resolvessem seguir seu exemplo, "estaríamos livres dos m——s crioulos[14]".

A esposa do senhor Giles Hicks, que vivia a uma curta distância de onde eu costumava morar, assassinou a prima da minha esposa, uma jovem de 15 ou 16 anos, desfigurando-a de modo horrível, quebrando seu nariz e esterno com um pedaço de pau, de maneira que a pobre menina expirou pouco tempo depois. Ela foi imediatamente enterrada, mas passou poucas horas em sua prematura sepultura, quando foi desenterrada e examinada pelo legista, que decidiu que ela morrera por "severo espancamento". A ofensa que essa menina cometeu foi: mandaram que cuidasse do bebê da senhora Hicks naquela noite, mas ela acabou adormecendo e o bebê chorou. Sem descanso havia várias noites, ela não ouviu o choro. Ela e o bebê estavam no mesmo aposento que a senhora Hicks. Esta, achando a garota lenta demais, saltou da cama, agarrou uma tora de carvalho perto da lareira e com ela quebrou o nariz e o esterno da menina, e por fim acabou com sua vida. Não vou negar que este horrendo assassinato causou comoção na comunidade. Mas isso não foi o bastante para punir a assassina. Emitiu-se um mandado para sua prisão, mas este nunca foi cumprido. E assim ela escapou não apenas da punição como também do incômodo de ser acusada por seu crime horrível perante um tribunal.

---

[14] "Malditos crioulos"; no original, *d——d niggers*. (N.T.)

RELATO DA VIDA DE FREDERICK DOUGLASS

Enquanto detalho os atos sangrentos que ocorreram durante minha estada na plantação do coronel Lloyd, narrarei brevemente outro, que ocorreu quase na mesma época que o assassinato de Demby.

Os escravos do coronel Lloyd tinham o hábito de gastar parte das noites e dos domingos na pesca de ostras, compensando, dessa forma, a escassa ração. Um ancião pertencente ao coronel Lloyd, enquanto se engajava nessa atividade, acabou ultrapassando os limites da terra do mestre e entrando nos domínios do senhor Beal Bondly. Este se ofendeu com a invasão, pegou o mosquete e desceu à costa, descarregando o mortal conteúdo no pobre velho.

O senhor Bondly foi visitar o coronel Lloyd no dia seguinte, e, se veio pagar pela propriedade ou justificar seu ato, não sei. De qualquer modo, a diabólica transação foi logo abafada. Muito pouco foi dito sobre a questão e nada foi feito. Havia um ditado comum, mesmo entre garotinhos brancos, que afirmava que custava meio centavo matar um "crioulo" e meio centavo enterrar um.

Capítulo 5

Quanto ao tratamento que recebi enquanto morei na plantação do coronel Lloyd, este era muito similar ao das outras crianças escravas. Eu não tinha idade suficiente para trabalhar na lavoura, e, não havendo muito o que fazer além do trabalho no campo, eu tinha bastante tempo livre. O máximo que precisava fazer era conduzir as vacas ao anoitecer, manter as aves fora do jardim, deixar o pátio da frente sempre limpo e executar tarefas para a filha do meu antigo mestre, a senhora Lucretia Auld. Eu passava a maior parte do tempo livre ajudando o mestre Daniel Lloyd a encontrar seus pássaros depois que os matava. Essa relação me trouxe algumas vantagens. Ele ficou bastante apegado a mim e tornou-se uma espécie de protetor. Não permitia que os meninos mais velhos tirassem vantagem de mim e dividia seu bolos comigo.

Eu raramente era açoitado por meu antigo mestre e não sofria grandes privações, exceto fome e frio. Passava fome, mas o frio era muito pior. No mais escaldante verão e no mais gelado inverno, permanecia quase nu. Não tinha sapatos, meias, jaqueta, calças, nada além de uma grossa camisa de algodão que chegava até os joelhos. Também não tinha cama.

Relato da vida de Frederick Douglass

Provavelmente teria morrido de frio se, nas noites mais frias, não costumasse roubar um saco usado para transportar milho para o moinho. Eu me arrastava para dentro desse saco e dormia lá mesmo, no frio e úmido chão de barro, com a cabeça dentro e os pés para fora. Meus pés ficaram tão rachados de frio que a pena com a qual escrevo este relato poderia ser encaixada nas fissuras.

A ração que recebíamos não era suficiente. Nossa comida era um grosso caldo de fubá cozido, chamado "mingau". Colocavam-no em um grande suporte ou cocho de madeira que ficava no chão. As crianças, então, eram chamadas como porcos, e do mesmo modo devoravam o mingau, umas com conchas de ostras, pedregulhos, e outras com as próprias mãos, mas nenhuma com colher. A que comia mais rápido enchia mais a barriga; a mais forte garantia o melhor lugar; e poucas deixavam o cocho satisfeitas.

Eu tinha provavelmente 7 ou 8 anos quando deixei a plantação do coronel Lloyd. Parti com alegria. Jamais me esquecerei do êxtase com que recebi a informação de que meu antigo mestre (Anthony) decidira me mandar a Baltimore morar com o senhor Hugh Auld, irmão do genro do meu antigo mestre, o capitão Thomas Auld. Recebi a informação cerca de três dias antes da minha partida. Esses três dias foram os mais felizes da minha vida. Passei a maior parte deles no riacho, tomando banho para tirar a sujeira da plantação grudada na pele e me preparando para a partida.

O orgulho da aparência que isso poderia indicar não tinha sido ideia minha. Não passei esse tempo me lavando porque assim desejava, mas porque a senhora Lucretia me havia dito que eu deveria tirar toda a sujeira e pele morta dos pés e dos joelhos antes de ir para Baltimore, pois lá as pessoas eram muito limpas e ririam de mim se eu aparecesse sujo. Além disso, ela me daria um par de calças, e eu não poderia usá-las se não tirasse toda aquela sujeira do corpo. A ideia de ter um par de calças era realmente maravilhosa! Aquilo já bastava para me fazer desejar arrancar o que os cuidadores de porcos chamam de sarna e até a própria pele, se necessário fosse. Fui até o riacho de boa vontade, trabalhando pela primeira vez com a esperança de recompensa.

Os laços que normalmente unem as crianças às suas casas não existiam no meu caso. Eu não achava que minha partida seria uma provação terrível. Minha desagradável casa não era como um lar para mim; e eu não sentia que, ao partir, deixava algo para trás. Minha mãe estava morta e minha avó morava muito longe; logo, eu raramente a via. Eu tinha duas irmãs e um irmão que viviam comigo na mesma casa; mas a separação precoce da mãe quase apagou de nossas memórias o fato de que éramos irmãos. Eu procurava um lar em outro lugar e estava confiante de que qualquer um seria melhor que aquele que estava prestes a deixar. E, se porventura encontrasse em minha nova casa tribulações, fome, chibatadas e escassez de roupas com que pudesse cobrir a nudez, teria o consolo de saber que passaria o mesmo se houvesse ficado. Tendo provado o gosto mais que amargo de tudo isso na casa de meu antigo mestre, naturalmente inferi minha capacidade de suportar da mesma forma em outro lugar, em especial em Baltimore, pois meus sentimentos em relação a essa cidade podiam ser expressos no provérbio: "Ser enforcado na Inglaterra é melhor que morrer de causas naturais na Irlanda". Eu tinha um forte desejo de ver Baltimore. Meu primo Tom, embora não fosse muito bom com palavras, havia me inspirado essa vontade com sua eloquente descrição do lugar. Se eu apontasse qualquer coisa na Casa-Grande, independentemente de quão bonita ou grandiosa fosse, ele me dizia que tinha visto em Baltimore algo muito superior tanto em beleza quanto em grandiosidade. Segundo ele, mesmo a própria Casa-Grande, com todos os seus quadros, era bastante inferior a vários edifícios de Baltimore. Tão forte era meu desejo que achei que satisfazê-lo compensaria totalmente qualquer perda de comodidade que sofresse com a troca. Parti sem remorsos e com as mais altas expectativas de felicidade futura.

Zarpamos do Rio Miles para Baltimore em uma manhã de sábado. Lembro-me apenas do dia da semana, pois naquela época não conhecia

Relato da vida de Frederick Douglass

os dias do mês nem os meses do ano. Quando partimos, andei até a popa e lancei à plantação do coronel Lloyd o que esperava que fosse um último olhar. Então, instalei-me na proa da chalupa e lá passei o restante do dia fitando o horizonte, interessando-me pelo que estava distante, em vez de pelas coisas que estavam diante de mim ou atrás. Na tarde daquele dia, chegamos a Annapolis, capital do Estado. Paramos apenas por alguns momentos, de modo que não tive tempo de descer à costa. Era a primeira cidade grande que via, e, embora ela parecesse pequena em comparação a algumas de nossas cidades industriais da Nova Inglaterra, achei o lugar maravilhoso por seu tamanho – mais imponente até que a fazenda da Casa-Grande!

Chegamos a Baltimore na manhã de domingo. Ancoramos no cais Smith, não muito longe do cais Bowley. Tínhamos a bordo da chalupa um grande rebanho de ovelhas, e, depois de ajudar a levá-las até o matadouro do senhor Curtis, em Louden Slater's Hill, fui conduzido por Rich, um dos tripulantes da chalupa, à minha nova casa na Alliciana Street, perto do estaleiro do senhor Gardner, em Fells Point.

O senhor e a senhora Auld estavam em casa e receberam-me à porta com seu filho Thomas, de quem eu deveria tomar conta. E então vi algo que nunca vira antes: um radiante rosto branco que revelava os mais amáveis sentimentos; e esse era o rosto da minha nova patroa, Sophia Auld. Gostaria de poder descrever o êxtase que passou por minha alma quando o vi. Era uma nova e estranha visão que iluminava meu caminho com a luz da felicidade. Disseram ao pequeno Thomas: "Aí está seu Freddy", e mandaram-me cuidar da criança; assim comecei a cumprir meus deveres em minha nova casa com a mais animadora perspectiva à frente.

Vejo minha partida da plantação do coronel Lloyd como um dos eventos mais interessantes da minha vida. É possível, e até bastante provável, que, se eu não tivesse sido transferido da plantação para Baltimore, em vez de estar aqui sentado à minha mesa, gozando de liberdade e felicidade em casa, escrevendo este relato, hoje eu estaria preso nos odiosos grilhões

FREDERICK DOUGLASS

da escravidão. A mudança para Baltimore assentou os alicerces e abriu a porta de entrada para minha posterior bonança. Sempre considerei essa oportunidade a primeira manifestação explícita da benévola providência que desde então me acompanhou e agraciou minha vida com tantos favores. Eu considerava singular o fato de ter sido escolhido. Havia outros meninos na plantação que poderiam ter sido enviados a Baltimore. Havia crianças mais jovens, mais velhas e da minha idade. Eles me escolheram dentre todas elas e fui a primeira, última e única opção.

Pode parecer supersticioso e até egoísta da minha parte considerar esse evento uma intervenção da providência divina a meu favor. Mas seria injusto com os mais prematuros sentimentos de minha alma se eu ocultasse essa opinião. Prefiro ser fiel a mim mesmo e correr o risco de ser considerado ridículo a ser falso e me repudiar. Desde minhas mais tenras lembranças, trago comigo a profunda convicção de que a escravidão não seria capaz de me prender para sempre em seu abraço traiçoeiro; e nos momentos mais sombrios da minha vida de escravidão essa palavra viva de fé e esse espírito de esperança não me abandonaram e permaneceram a meu lado como anjos enviados para me alegrar em meio à escuridão. Esse bom espírito fora mandado por Deus, e a ele eu ofereço graças e louvores.

Capítulo 6

Minha nova patroa era tudo que aparentava ser quando a vi pela primeira vez – uma mulher com um enorme coração e os melhores sentimentos. Ela nunca tivera um escravo antes e no tempo de solteira dependera do próprio trabalho para viver. Era tecelã de profissão; e, por viver quase sempre imersa no trabalho, foi, em grande parte, poupada dos efeitos destruidores e desumanizantes da escravidão. Fiquei bastante atônito com sua bondade. Eu nem sabia como me comportar diante dela. Ela era muito diferente de qualquer mulher branca que eu havia conhecido. Eu não podia me dirigir a ela como costumava fazer com outras patroas. As instruções que eu recebera eram totalmente inadequadas. O servilismo medroso, em geral tão desejável em um escravo, não funcionava com ela. Seus favores não seriam conquistados desse modo, pois essa atitude parecia perturbá-la. Ela não achava insolente ou indelicado da parte de um servo olhar para ela. O mais vil escravo ficava muitíssimo à vontade na sua presença, e nenhum saía sem se sentir melhor por tê-la visto. Sua face era toda sorrisos celestiais, e sua voz soava como uma música serena.

Frederick Douglass

Mas isso, lamentavelmente, durou pouco! Aquele coração bondoso não permaneceria assim por muito tempo. O veneno fatal do poder irresponsável já corria em suas veias, e logo começaria a operar sua obra infernal. Aqueles olhos alegres, sob a influência da escravidão, ficariam vermelhos de raiva; a voz tão doce e harmoniosa se tornaria áspera e horrivelmente aguda; e a face angelical passaria a ser a de um demônio.

Pouco depois de ir morar com o senhor Auld, a esposa dele, com muita gentileza, começou a me ensinar o abecê. Quando aprendi isso, ela me ajudou a soletrar palavras de três ou quatro letras. Bem nesse ponto do meu progresso, o marido descobriu o que estava acontecendo e imediatamente a proibiu de continuar me instruindo, dizendo-lhe, entre outras coisas, que era contra a lei, além de perigoso, ensinar um escravo a ler. Ele disse, com as seguintes palavras: "Se der a mão a um crioulo, ele vai querer o braço. A única coisa que um crioulo deve aprender é a obedecer a seu mestre, a fazer o que lhe mandam fazer. A instrução 'estragaria' o melhor crioulo do mundo. Por isso", ele disse, referindo-se a mim, "se você ensinar aquele crioulo a ler, não teremos como mantê-lo. Isso vai incapacitá-lo. Ele ficará imediatamente incontrolável e não será de nenhum uso para seu mestre. E, quanto a ele, isso não lhe fará bem algum, apenas mal. Aprender só vai deixá-lo descontente e infeliz". Essas palavras calaram fundo em meu coração, despertando sentimentos adormecidos e trazendo à tona uma linha de pensamento inteiramente nova. Foi uma inédita e especial revelação, que me explicou coisas sombrias e misteriosas com as quais minha compreensão juvenil lutara em vão. Agora consigo entender o que antigamente fora uma desconcertante dificuldade para mim: isto é, o poder do homem branco de escravizar o homem negro. Foi uma grande conquista, e eu a estimo imensamente. Desse momento em diante, passei a compreender o caminho da escravidão para a liberdade. Era só o que eu queria, e percebi isso quando menos esperava. Embora estivesse triste com a ideia de perder a ajuda de minha amável patroa, estava feliz com o inestimável ensinamento que, por mero acidente, recebi de meu mestre.

RELATO DA VIDA DE FREDERICK DOUGLASS

Mesmo consciente da dificuldade de aprender sem um professor, resolvi, a qualquer custo, com grande esperança e propósito inabalável, aprender a ler. A maneira decidida com que ele falou e se esforçou para impressionar a esposa com as péssimas consequências de me instruir serviu para me convencer de que ele estava profundamente ciente das verdades que proferia. Isso me deu maior convicção e confiança de contar com os resultados que, segundo ele, derivariam do ato de me ensinar a ler. O que eu desejava era exatamente o que ele mais temia. O que eu odiava com mais intensidade era o que ele mais amava. O que para ele era um grande mal a ser evitado com cuidado, para mim era um grande bem a ser buscado diligentemente; e a má vontade com minhas aulas de leitura só serviu para me inspirar o desejo e a determinação de aprender. Devo meu aprendizado tanto à amarga oposição de meu mestre quanto à amável ajuda de minha patroa. Reconheço o benefício que ambos operaram em mim.

Eu residia fazia pouco tempo em Baltimore quando notei uma diferença marcante no tratamento de servos do campo. Um escravo da cidade é quase um homem livre em comparação ao da plantação. Ele é muito mais bem alimentado e vestido, e desfruta de privilégios totalmente desconhecidos ao escravo da plantação. Há um vestígio de decência, um senso de vergonha que contribui em muito para refrear e controlar aqueles surtos de crueldade atroz tão comumente encontrados na plantação. Ninguém quer ser aquele senhor de escravos desvairado, que deixa os piedosos vizinhos não escravocratas chocados com os gritos de um servo açoitado. Poucos estão dispostos a incorrer no ódio associado à reputação de mestre cruel, e, acima de tudo, não querem ser conhecidos como aqueles que não dão a um escravo o suficiente para comer. Cada senhor de escravos da cidade quer que todos saibam que ele alimenta bem seus servos; por causa disso, a maioria deles, de fato, não os deixa passar fome. Existem, porém, algumas revoltantes exceções à regra. Em frente à nossa casa, na Philpot Street, vivia o senhor Thomas Hamilton. Ele tinha duas escravas, Henrietta e Mary. Henrietta tinha cerca de 22 anos e Mary 14; e, de todas as criaturas maltratadas e macilentas que já vi, essas duas eram as mais sofridas. Um coração precisava ser duro como pedra para fitá-las com indiferença. A cabeça, o pescoço e os ombros de Mary viviam cobertos de chagas. Eu observava com frequência sua cabeça e sempre a encontrava repleta de feridas pustulentas, causadas pela chibata da cruel patroa. Não sei se alguma vez seu mestre a açoitou, mas fui testemunha ocular da crueldade da senhora Hamilton. Eu costumava ir à casa do senhor Hamilton quase todo dia. A senhora Hamilton gostava de ficar sentada em uma grande cadeira no meio da sala, com um pesado couro de vaca ao lado, e durante o dia não se passava uma hora sem que marcasse a sangue uma de suas escravas. As garotas viviam ouvindo: "Mexa-se logo, sua *negra preguiçosa!*", ao mesmo tempo que recebiam um golpe com o couro de vaca na cabeça ou nos ombros, que, muitas vezes, tirava sangue. Ao fazê-lo, ela dizia: "Tome isso, sua *negra indolente!*" e "Vou fazê-la se apressar!". Além das cruéis surras a que essas escravas eram submetidas, elas viviam quase mortas de fome. Não sabiam o que era uma refeição completa. Vi Mary brigar com os porcos pelas vísceras jogadas na rua. A coitada recebia tantos chutes e chibatadas que parecia ter sido atacada a bicadas por pássaros, de maneira que as pessoas passaram a chamá-la de "bicada" em vez de pelo nome.

Capítulo 7

Vivi com a família de mestre Hugh por cerca de sete anos. Durante esse período, consegui aprender a ler e a escrever. Depois disso, fui forçado a recorrer a vários estratagemas. Não tinha um professor regular. Minha patroa, que gentilmente começou a me instruir, não apenas deixou de me ensinar, seguindo o conselho e a orientação do marido, como também se opôs que eu continuasse meus estudos com outra pessoa. Ainda bem, porém, que minha patroa não adotou imediatamente essa forma de tratamento. A princípio, faltou-lhe a depravação indispensável para me encerrar em uma escuridão mental. No mínimo, era necessário que ela tivesse algum traquejo no exercício do poder irresponsável para estar à altura da tarefa de me tratar como um animal irracional.

Minha patroa era, como eu disse, uma mulher amável e de coração bondoso; e na simplicidade de sua alma ela começou, quando passei a morar lá, a me tratar como imaginava que um ser humano deveria ser tratado. Ao assumir as funções de senhora de escravos, não pareceu perceber que minha relação com ela era de proprietário e posse, e que me tratar como ser humano não era só errado, mas extremamente arriscado.

FREDERICK DOUGLASS

A escravidão provou-se tão perniciosa para ela quanto para mim. Quando fui morar naquela casa, ela era uma mulher piedosa, terna e gentil. Não havia tristeza ou angústia pela qual não derramasse uma lágrima. Ela tinha pão para os famintos, roupas para os desvalidos e consolo para os enlutados que a procuravam. A escravidão logo mostrou a habilidade de privá-la dessas qualidades celestiais. Sob sua influência, o coração terno endureceu, e o temperamento dócil deu lugar a uma ferocidade de tigre. Seu primeiro passo em direção ao abismo foi cessar de me instruir. Ela começava a pôr em prática os preceitos do marido. Tornou-se, por fim, ainda mais violenta que ele. Não ficava satisfeita se eu simplesmente cumprisse as tarefas como ela ordenara; parecia desejar ansiosamente que eu fizesse melhor. Nada parecia irritá-la mais que me ver com um jornal na mão. Ela parecia pensar que lá morava o perigo. Corria até mim, furiosa, e tomava o jornal de um modo que revelava plenamente sua apreensão. Era uma mulher sagaz; e um pouco de experiência logo demonstrou, para sua satisfação, que educação e escravidão eram incompatíveis.

Desde esse momento, passei a ser estritamente vigiado. Se ficasse sozinho por algum tempo no quarto, ela imediatamente suspeitava de que eu estivesse com um livro e me chamava para prestar contas. Mas de nada adiantou tudo isso, pois era tarde demais. O primeiro passo fora dado. A patroa, ao me ensinar o alfabeto, havia me "dado a mão", e nenhum cuidado poderia me impedir de "querer o braço".

O plano mais bem-sucedido que adotei foi fazer amizade com todos os meninos brancos que conheci na rua. Consegui converter em professores a maioria deles. Com a amável ajuda dessas crianças, em momentos e lugares diferentes, finalmente consegui aprender a ler. Sempre levava um livro comigo quando recebia alguma tarefa e após cumpri-la rapidamente encontrava tempo para aprender uma lição antes de voltar. Também costumava levar pão, que sempre havia em abundância na casa e pelo qual eu era extremamente grato; pois nesse quesito eu estava melhor que muitas crianças brancas pobres da vizinhança. Eu alimentava com ele aqueles meninos maltrapilhos e famintos, que, em troca, me davam algo muito mais valioso: o pão do conhecimento. Fico fortemente tentado a mencionar o nome de dois ou três deles como prova da gratidão e do afeto que sinto por eles; mas a prudência me impede, não por temer alguma retaliação, mas porque isso poderia deixá-los envergonhados. Afinal, neste país cristão, ensinar escravos a ler é uma ofensa quase imperdoável. Basta dizer que meus queridos amiguinhos moravam na Philpot Street, perto de Durgin e do estaleiro de Bailey. Eu costumava conversar sobre a escravidão com eles. Às vezes lhes dizia que gostaria de ser livre como eles quando se tornassem homens. "Vocês serão livres assim que completarem 21 anos, *mas eu serei escravo para sempre*! Não tenho o mesmo direito de ser livre quanto vocês?" Essas palavras costumavam perturbá-los; mas eles expressavam a mais viva simpatia por mim e me consolavam com a esperança de que um dia acontecesse algo que me libertasse.

Eu tinha, então, cerca de 12 anos, e a ideia de ser escravo *para sempre* começou a pesar em meu coração. Mais ou menos nessa época, arranjei um livro intitulado *The Columbian Orator*[15]. Sempre que surgia uma oportunidade, eu lia esse livro. Entre muitas questões interessantes, encontrei nele um diálogo entre um mestre e seu servo. O escravo do livro havia fugido três vezes de seu senhor. O diálogo representava a conversa que ocorreu entre eles, quando o escravo foi recapturado pela terceira vez. Nele, o mestre apresenta os habituais argumentos para justificar a escravidão, e todos são refutados pelo escravo. O escravo diz coisas muito inteligentes e impressionantes em resposta ao mestre. Coisas que tiveram efeito desejado, porém inesperado, pois a conversa resulta na libertação voluntária do escravo por parte do mestre.

No mesmo livro, encontrei um dos poderosos discursos de Sheridan[16] em prol da emancipação católica. Eram meus textos prediletos. Eu os lia

---

[15] Coleção de ensaios políticos, poemas e diálogos publicada em 1797 pelo educador Caleb Bingham (1757-1817). O livro foi amplamente usado nas escolas americanas para ensinar a ler e a escrever. (N.T.)

[16] Richard Brinsley Butler Sheridan (1751-1816), dramaturgo e poeta irlandês. (N.T.)

sem parar, com interesse inabalável. Eles davam vida a interessantes pensamentos que eu nutria na alma, que frequentemente me passavam pela cabeça e morriam por falta de expressão. A moral que extraí do diálogo foi que o poder da verdade pode mudar até mesmo a consciência de um senhor de escravos. O que observei em Sheridan foi uma ousada denúncia da escravidão e enérgica justificativa dos direitos humanos. A leitura desses textos me permitiu expressar meus pensamentos e confrontar os argumentos apresentados para sustentar a escravidão; mas, enquanto me aliviavam de um problema, traziam-me outro ainda mais penoso que o anterior. Quanto mais eu lia, mais era levado a abominar e detestar meus escravizadores. Não podia vê-los de outro modo que não como ladrões de sucesso que deixavam suas casas, viajavam até a África, nos sequestravam e, em uma terra estranha, nos reduziam à escravidão. Eu os temia por serem os mais malignos e perversos dos homens. Enquanto lia e analisava o assunto, eis que aquele mesmo descontentamento que o mestre Hugh previra que acompanharia meu aprendizado se instalou em mim, para afligir e atormentar minha alma até uma angústia indescritível. Muitas vezes, sofrendo com esse sentimento, eu sentia que aprender a ler fora uma maldição em vez de uma bênção. Passara a ter uma perspectiva quanto à minha condição miserável, mas não sabia como remediá-la. A instrução abriu meus olhos para o horrível abismo em que me encontrava, mas não mostrou nenhuma escada para sair dele. Em momentos de agonia, invejei meus companheiros escravos por sua estupidez. Muitas vezes, desejei ser um animal irracional. Preferia ser um réptil abjeto, qualquer coisa, não importava o que; só queria me livrar do pensamento! Esse eterno meditar sobre minha condição me atormentava. Não havia como fugir dele. A pressão que impunha sobre mim vinha de todos os objetos no meu campo de visão ou audição, fossem animados ou inanimados. As trombetas de prata da liberdade haviam despertado minha alma para a vigília eterna. A ideia de liberdade brotou em minha mente para nunca mais desaparecer. Eu a ouvia em cada som e a enxergava em cada coisa. Estava sempre presente

RELATO DA VIDA DE FREDERICK DOUGLASS

para me atormentar com a consciência de minha situação miserável. Não conseguia enxergar nada sem vê-la, escutar nada sem ouvi-la e experimentar nada sem senti-la. Ela aparecia em cada estrela, sorria em cada calmaria, sussurrava em cada vento e aproximava-se a cada tempestade.

Com frequência me flagrei lamentando minha própria existência e desejando morrer; e, se não fosse a esperança da liberdade, não tenho dúvida de que teria me matado ou feito algo para que me matassem. Nesse estado de espírito, vivia ansioso por ouvir alguém falar de escravidão. Era um ouvinte receptivo. De vez em quando, escutava algo sobre os abolicionistas. Demorei algum tempo para descobrir o que essa palavra significava. Sempre a usavam em tantas associações que ela acabou se tornando um termo interessante para mim. Se um escravo fugisse e conseguisse escapar, se matasse o mestre, ateasse fogo a um celeiro ou fizesse qualquer coisa muito errada na visão de um senhor de escravos, era chamado de "fruto da abolição". Depois de ouvir muitas vezes a palavra nesse contexto, comecei a entender o que ela representava. O dicionário me forneceu pouca ou nenhuma ajuda. Nele descobri que a palavra significava "o ato de abolir"; mas eu não sabia o que deveria ser abolido. E fiquei perplexo. Não me atrevi a perguntar a ninguém porque já estava satisfeito de saber que era algo que eles queriam esconder de mim. Após paciente espera, consegui arranjar um dos jornais da cidade que trazia um relato do número de petições do Norte que pediam a abolição da escravatura no Distrito de Colúmbia e do comércio de escravos entre os Estados. Dessa vez compreendi as palavras *abolição* e *abolicionista* e passei a ler com atenção redobrada quando essas palavras apareciam, esperando ver algo importante para mim e meus companheiros escravos. Aos poucos fui compreendendo. Certo dia, dirigi-me ao cais do senhor Waters; vendo dois irlandeses descarregando uma barcaça abarrotada de pedras, resolvi, voluntariamente, ajudá-los. Quando terminamos, um deles veio até mim e me perguntou se eu era escravo. Respondi que sim. Ele perguntou: "Você será escravo a vida inteira?". Assenti. O bom irlandês

FREDERICK DOUGLASS

pareceu profundamente abalado com essa declaração. Ele disse ao outro que era uma pena um rapazinho simpático como eu ser escravo a vida inteira. Lamentou que eu estivesse preso. Ambos me aconselharam a fugir para o Norte dizendo que eu encontraria amigos por lá e que deveria ser livre. Fingi não estar interessado no que diziam e agi como se não os compreendesse, pois temia que quisessem me enganar. Há muitos relatos de homens brancos que incentivavam escravos a escapar e então, para obter a recompensa, os capturavam e devolviam aos mestres. Tive medo de que aqueles homens aparentemente amáveis pudessem me usar com esse propósito; mas prestei atenção aos conselhos e, desde então, resolvi fugir. Ansiava por um momento seguro para escapar. Era jovem demais para pensar em fazê-lo de imediato; e, além disso, desejava aprender a escrever, pois poderia ter a oportunidade de redigir meu próprio passe. Consolei-me com a esperança de um dia encontrar uma boa chance. Enquanto isso, aprenderia a escrever.

A ideia de como fazer isso surgiu no estaleiro de Durgin e Bailey. Nesse local, eu frequentemente via os carpinteiros do navio pegarem uma viga de madeira pronta para uso, já desbastada, e escreverem nela o nome da parte do navio à qual se destinava. Quando uma viga se destinava a bombordo, marcavam-na com um "B"; e a estibordo, com um "E". Uma peça a bombordo frontal recebia um "BF"; a estibordo frontal, um "EF"; a bombordo à popa, um "BP"; e a estibordo à popa, um "EP". Logo aprendi a rabiscá-las, imediatamente comecei a copiá-las e, em pouco tempo, fui capaz de escrever as quatro letras mencionadas. Depois disso, quando encontrava um garoto alfabetizado, eu lhe dizia que sabia escrever tão bem quanto ele. Ele logo respondia: "Não acredito. Quero vê-lo tentar". Eu escrevia, então, as letras que tive tanta sorte de aprender e lhe dizia para fazer melhor que aquilo. Dessa forma, arranjei muitas aulas de escrita que, possivelmente, jamais teria conseguido obter de outro modo. Durante esse tempo, meus livros de caligrafia foram a tábua da cerca, a parede de tijolos e a calçada; e minha pena e tinta, um pedaço de giz. Com eles aprendi a escrever. Em seguida, comecei a copiar e a treinar as itálicas no *Livro de ortografia*, de Webster, até conseguir escrevê-las sem olhar no livro. A essa altura, meu pequeno mestre Thomas já começara a ir para a escola, aprendera a escrever e preenchera boa quantidade de cadernos. Eles haviam sido trazidos para casa, mostrados a alguns vizinhos próximos e depois deixados de lado. Minha patroa costumava frequentar os cultos religiosos na igreja da Wilk Street toda segunda-feira à tarde e me deixava cuidando da casa. Nessas ocasiões, eu passava o tempo escrevendo nos espaços vazios que mestre Thomas deixara no caderno, copiando o que ele havia escrito. Continuei fazendo isso até conseguir escrever com letra muito similar à dele. E assim, após anos de esforço, finalmente consegui aprender a escrever.

Capítulo 8

Pouco tempo depois que fui morar em Baltimore, Richard, o filho mais novo de meu antigo mestre, morreu; cerca de três anos e seis meses após sua morte, meu antigo mestre, o capitão Anthony, também morreu, deixando como herdeiros do seu patrimônio os filhos restantes, Andrew e Lucretia. Ele faleceu enquanto visitava a filha em Hillsborough. Sua morte foi tão inesperada que ele não deixou um testamento especificando a distribuição dos bens. Era necessário, portanto, fazer uma avaliação da propriedade, que seria igualmente dividida entre a senhora Lucretia e o mestre Andrew. Mandaram que eu fosse para casa imediatamente, a fim de ser avaliado com os outros bens. Senti de novo aquele sentimento de revolta e ódio contra a escravidão. Agora eu tinha uma nova concepção quanto à minha degradante condição. Antes disso, era insensível a meu destino, se não por completo, pelo menos parcialmente. Deixei Baltimore com meu jovem coração prostrado de tristeza e a alma cheia de apreensão. Embarquei na escuna *Wild Cat*, do capitão Rowe, e após uma travessia de cerca de vinte e quatro horas encontrei-me próximo ao local de meu nascimento. Eu estava ausente havia mais ou menos cinco anos. Contudo,

Relato da vida de Frederick Douglass

lembrava-me muito bem daquele lugar. Tinha apenas 5 anos quando parti para morar com meu antigo mestre na plantação do coronel Lloyd, de maneira que agora tinha entre 10 e 11 anos.

Fomos todos reunidos para a avaliação. Homens, mulheres, velhos, jovens, casados e solteiros foram classificados com cavalos, ovelhas e porcos. Havia cavalos e homens, vacas e mulheres, porcos e crianças, todos ocupando a mesma escala de importância e sendo submetidos à mesma análise apurada. Velhos de cabeça branca, jovens fortes, donzelas, matronas, todos tinham de passar pela mesma indelicada inspeção. Nesse momento, pude enxergar, mais claro que nunca, o bestializante efeito da escravidão tanto no servo quanto no mestre.

Depois da avaliação veio a divisão. Não tenho palavras para descrever a grande agitação e a profunda ansiedade que se abateram sobre nós, pobres escravos, durante esse momento. Nossa sina seria agora decidida. Nosso poder de decisão era igual ao dos animais entre os quais nos alinhávamos. Uma única palavra dos brancos seria o bastante – contra nossa vontade, nossas preces e nossas súplicas – para separar eternamente os amigos e os entes mais queridos, os laços mais profundos dos seres humanos. Além da dor da separação, havia o medo terrível de cair nas mãos de mestre Andrew. Todos sabiam que ele era um homem desprezível, extremamente cruel; um bêbado vulgar que, por má gestão e libertina dissipação, já havia esbanjado boa parte das posses do pai. Achávamos que era melhor ser vendido imediatamente aos mercadores de escravos da Geórgia que pertencer a ele, pois esta última e inevitável possibilidade era vista com horror e receio.

Minha ansiedade era maior que a de meus companheiros escravos. Eu sabia o que era ser tratado com bondade; eles nunca tiveram essa sorte. Tinham visto pouco ou nada deste mundo. Eram, de fato, homens e mulheres cheios de tristeza, acostumados com o sofrimento. Suas costas estavam familiarizadas com a sangrenta chibata e tornaram-se calejadas; as minhas ainda estavam intactas, pois eu havia recebido poucas chicotadas em Baltimore, e eram raros os escravos que podiam se gabar de ter um senhor e uma patroa tão benévolos quanto os meus. A ideia de passar das mãos de Auld para as de mestre Andrew – um homem que, poucos dias antes, dando-me uma amostra de sua violenta disposição, havia agarrado meu irmão mais novo pela garganta, atirado-o ao chão e pisoteado sua cabeça com o salto da bota até o sangue jorrar do nariz e das orelhas – era o bastante para me deixar ansioso quanto ao meu destino. Após cometer essa selvageria com meu irmão, ele virou-se e disse que era assim que pretendia me tratar no futuro, ou seja, quando eu viesse a lhe pertencer.

Graças a uma bondosa providência, fui acrescentado à parte da senhora Lucretia e mandado imediatamente de volta a Baltimore, para viver de novo na família de mestre Hugh. A alegria que eles sentiram com meu retorno igualava-se à tristeza que demonstraram com minha partida. Foi um dia feliz para mim. Eu escapara de um destino pior que a cova dos leões. Fiquei longe de Baltimore, para fins de avaliação e divisão, por quase trinta dias, mas parecia haver passado seis meses.

Pouco tempo depois do meu retorno a Baltimore, minha patroa, Lucretia, morreu, deixando marido e uma filha, Amanda; e pouco tempo depois de sua morte o mestre Andrew também faleceu. Agora todas as posses do meu antigo senhor, escravos inclusos, estavam nas mãos de estranhos – que nada fizeram para contribuir com a riqueza do falecido. Nenhum servo foi libertado. Todos permaneceram escravos, do mais novo ao mais velho. Se houve uma coisa em toda minha experiência que serviu, mais que qualquer outra, para aprofundar minha convicção quanto ao caráter atroz da escravidão e me encher de uma indescritível aversão aos senhores de escravos, essa foi a ultrajante ingratidão que demonstraram com minha pobre avó. Ela servira fielmente meu antigo mestre, da juventude à velhice. Fora a fonte de toda sua riqueza; povoara sua plantação com escravos e tornara-se uma bisavó a seu serviço. Ela o embalou quando bebê, cuidou dele quando criança, serviu-o durante a vida e no fim enxugou de sua testa gelada o frio suor da morte, fechando

Relato da vida de Frederick Douglass

seus olhos para sempre. No entanto, permaneceu escrava – até o fim dos seus dias –, caiu nas mãos de estranhos; e nas mãos desses estranhos ela viu seus filhos, netos e bisnetos serem apartados, como tantas ovelhas, sem receber sequer o pequeno privilégio de conhecer o destino deles ou o seu próprio. Para coroar a ultrajante ingratidão e diabólica crueldade demonstrada com minha avó, que agora estava muito velha, tendo sobrevivido a meu antigo mestre e a seus filhos e visto o início e o fim de todos eles, os atuais proprietários a consideraram de pouco valor, pois seu corpo já sofria com as dores da velhice, e seus membros outrora ativos vivenciavam uma completa impotência. Assim, eles a levaram até a floresta, construíram-lhe uma pequena cabana, instalaram uma chaminé de barro e, em seguida, fizeram-na aceitar a honra de garantir o próprio sustento naquele local, em completa solidão. Deixaram-na praticamente abandonada à própria sorte, para morrer! Se minha pobre e velha avó ainda estiver lá, vive para sofrer sozinha, lembrar e lamentar a perda de filhos, netos e bisnetos. Nas palavras do poeta dos escravos, Whittier[17]:

> *Lá se foram, lá se foram, vendidos e enviados*
> *Aos arrozais úmidos e desolados,*
> *Onde a chibata balança sem cessar,*
> *E o inseto peçonhento vive a picar,*
> *Onde o demônio da febre espalha e dissemina*
> *Seu veneno com o orvalho e a garoa fina,*
> *Onde brilha um raio de sol doentio*
> *Através do ar quente e hostil:*
> *Lá se foram, lá se foram, vendidos e enviados*
> *Aos arrozais úmidos e desolados,*
> *Das colinas e águas da Virgínia arrebatadas*
> *Ai de mim, minhas filhas roubadas!*

---

[17] John Greenleaf Whittier (1807-1892) foi um influente advogado americano e poeta laureado da abolição que contribuiu em várias campanhas contra a escravidão. É autor de *The Slave Ships*, *Ichabod* e *A Dream of Summer*, entre outros. (N.T.)

Frederick Douglass

O lar é desolado. As crianças que outrora cantaram e dançaram em sua presença se foram. Ela caminha, tateando nas trevas da idade, procurando um pouco de água. Em vez da voz dos filhos, ela ouve de dia os gemidos da pomba e de noite os gritos da medonha coruja. Tudo é escuridão. O túmulo está à sua porta. E agora que as dores e os sofrimentos da velhice tornaram-se um fardo, a cabeça mira o chão, o início e o fim da existência humana se encontram, e a vulnerável infância e a dolorosa velhice se misturam – nesse momento, o mais necessário e propício para que as crianças exercessem a ternura e o afeto que somente elas conseguem ter com um parente decadente, minha pobre e velha avó, a devotada mãe de doze filhos, era abandonada, completamente sozinha, naquela pequena cabana longe de tudo, diante de algumas brasas quase extintas. Ela se levanta, senta-se, cambaleia, cai, geme e morre – e não há nenhum filho ou neto para enxugar da testa enrugada o suor frio da morte ou para enterrar seus restos mortais. Um Deus justo permitiria essas coisas?

Cerca de dois anos após a morte da senhora Lucretia, mestre Thomas arrumou uma segunda esposa. Seu nome era Rowena Hamilton. Ela era a filha mais velha do senhor William Hamilton. O mestre agora morava em St. Michaels. Pouco depois do casamento, ocorreu um mal-entendido entre ele e mestre Hugh; e, como forma de punir o irmão, ele me tomou dele, para que eu fosse viver com sua família em St. Michaels. Passei, então, por outra separação bastante dolorosa. Contudo, essa não foi tão severa quanto a que temi na divisão dos bens; pois durante esse intervalo uma grande mudança ocorrera na conduta de mestre Hugh e sua outrora terna e afetuosa esposa. A influência do *brandy* sobre ele e da escravidão sobre ela operou uma desastrosa alteração no caráter de ambos; de maneira que achei que tinha pouco a perder com a mudança, no que se referia a eles. Não era a eles que eu me apegara. Era com meus pequenos amigos de Baltimore que eu sentia o mais forte vínculo. Eu havia recebido muitas boas lições deles, e ainda as recebia; logo, a ideia de deixá-los era realmente dolorosa. Eu também partia sem esperanças de voltar. Mestre Thomas

Relato da vida de Frederick Douglass

disse que jamais permitiria. Considerava intransponível a barreira entre ele e o irmão.

Eu me arrependi, então, de não ter, pelo menos, tentado cumprir minha resolução de fugir, pois as chances de sucesso eram dez vezes maiores na cidade que no campo.

Naveguei de Baltimore a St. Michaels na chalupa *Amanda*, do capitão Edward Dodson. Durante a travessia, prestei especial atenção à direção que os barcos a vapor tomavam para ir à Filadélfia. Descobri que, em vez de descer, subiam a baía, ao alcançar North Point, na direção Nordeste. Julguei esse fato da maior importância. Minha determinação de fugir foi novamente reavivada. Resolvi esperar até surgir uma oportunidade favorável. Quando esta viesse, eu não pensaria duas vezes.

Capítulo 9

Cheguei então a um período de minha vida em que posso fornecer datas. Deixei Baltimore e fui morar com mestre Thomas Auld, em St. Michaels, em março de 1832. Fazia mais de sete anos que eu vivera com ele na família do meu antigo mestre, na plantação do coronel Lloyd. Claro que éramos quase completos desconhecidos um para o outro. Para mim, ele era um novo mestre, e para ele eu era um novo escravo. Não conhecia seu temperamento e sua disposição; ele também não conhecia meu temperamento e minha disposição. Pouco tempo depois, no entanto, já estávamos bastante familiarizados um com o outro. Conheci sua esposa tão bem quanto ele. Eles formavam um par perfeito, pois eram igualmente maus e cruéis. Passei a sentir outra vez, depois de mais de sete anos, a dolorosa tortura da fome – algo que não experimentara após deixar a plantação do coronel Lloyd. Já era bastante difícil olhar para trás e não conseguir se lembrar de nenhum momento de abundância. Mas aquilo era dez vezes pior, pois eu havia vivido com a família de mestre Hugh, onde nunca faltava comida e tudo era saboroso. Declarei que mestre Thomas era um homem mau. E era mesmo. Fazer o escravo passar fome é visto

Relato da vida de Frederick Douglass

como a pior maldade, mesmo entre senhores de escravos. A regra é: não importa quão grosseira seja a ração, dê a eles o suficiente para comer. Na região de Maryland de onde venho, essa regra é colocada em prática, embora com muitas exceções. Mestre Thomas não nos dava o bastante de nada, fosse comida grosseira, fosse saborosa. Éramos quatro na cozinha – minha irmã Eliza, minha tia Priscilla, Henny e eu; e recebíamos menos de metade de um celamim de fubá por semana, e muito pouco além disso na forma de carne ou vegetais. Não era o bastante para nossa subsistência. Fomos, portanto, submetidos à vil necessidade de viver à custa dos vizinhos. Estávamos sempre esmolando, roubando ou o que fosse mais fácil em momento de necessidade. Para nós, tanto fazia um quanto o outro. Muitas vezes, estivemos muito perto de morrer de fome, enquanto havia comida em abundância apodrecendo no cofre e no defumadouro. Nossa piedosa patroa estava ciente desse fato, e mesmo assim ela e o marido ajoelhavam-se todas as manhãs e oravam para que Deus os abençoasse no cesto e na amassadeira[18]!

Por pior que sejam os senhores de escravos, é raro encontrar um desprovido de todos os traços de caráter que impõem respeito. Meu mestre era desses. Nunca ouvi falar de um único ato nobre realizado por ele. Sua principal característica era a mesquinhez; e, se porventura houvesse outro elemento em sua natureza, esse era submetido a ela. Ele era maldoso; e, como a maior parte dos homens maldosos, faltava-lhe a capacidade de esconder sua maldade. O capitão Auld não nascera senhor de escravos. Fora pobre e mestre de uma embarcação de baía , apenas. Tomou posse dos seus servos por casamento; e, entre todos os homens, os piores são os senhores de escravos acidentais. Auld era cruel e covarde. Comandava sem firmeza. Na execução de suas ordens, algumas vezes era rígido, outras, relaxado. Por vezes, dirigia-se aos escravos com a firmeza de Napoleão e a fúria de um demônio; outras vezes, parecia alguém que esquecera o

---

[18] Referência ao versículo da Bíblia Deuteronômio 28:5: "Bendito o teu cesto e a tua amassadeira". (N.T.)

FREDERICK DOUGLASS

caminho de casa. Não fazia nada por si próprio. Até poderia passar por leão, mas as orelhas o denunciavam. Quando tentava efetuar atos nobres, sua mesquinhez surgia e roubava a cena. Seus modos, suas palavras e suas atitudes eram os modos, as palavras e as atitudes de um senhor de escravos nato; logo, eram muito embaraçosos. Ele não era sequer um bom imitador. Tinha muita disposição para enganar, mas desejava o poder. Sem os recursos necessários em si mesmo, via-se forçado a copiar os outros e, desse modo, vivia sempre em contradição, tornando-se, consequentemente, objeto de desprezo até dos escravos. O luxo de ter servos era algo novo, e ele não estava preparado para lidar com isso. Era um mestre sem a capacidade de manter seus escravos. Via-se incapaz de administrar os escravos pela força, por medo ou por logro. Nós raramente o chamávamos de "mestre"; era quase sempre "capitão Auld", e, muitas vezes, nem isso. Sei que nossa conduta teve uma parcela de culpa em causar desconforto e, consequentemente, irritação. Nossa falta de reverência deve tê-lo deixado extremamente perplexo. Ele desejava que o chamássemos de mestre, mas faltava-lhe a firmeza necessária para que obedecêssemos. Sua esposa costumava insistir para que o tratássemos desse modo, mas era inútil. Em agosto de 1832, meu mestre compareceu a um encontro metodista realizado na baía do condado de Talbot e lá tomou gosto pela religião. Tive uma vaga esperança de que sua conversão o levasse a emancipar seus escravos ou que pelo menos o tornasse mais bondoso e humano. Fiquei duplamente desapontado. A conversão não o tornou mais humano com os escravos nem o fez emancipá-los. Se teve algum efeito em seu caráter foi deixá-lo ainda mais cruel e odioso em todos os sentidos; pois acredito que ele passou a ser um homem muito pior após a conversão. Antes, ele contava com a própria depravação para protegê-lo e ampará-lo na selvagem brutalidade; mas após a conversão recebeu aprovação e apoio religioso para sua crueldade escravista. Apesar disso, fazia grandes simulações de piedade. Sua casa era a casa da oração. Ele orava pela manhã, ao meio-dia e à noite. Em pouco tempo, começou a se destacar entre os

RELATO DA VIDA DE FREDERICK DOUGLASS

irmãos, que logo o nomearam líder de classe[19] e exortador. Sua atividade em reavivamentos era excelente, e ele provou-se um instrumento da Igreja ao converter muitas almas. Sua casa era a casa dos pregadores.

Tais religiosos costumavam ter grande prazer em se hospedar na casa; pois, embora nosso mestre nos fizesse passar fome, gostava de entupi-los de comida. Recebemos três ou quatro pregadores lá de uma só vez. Os que costumavam vir com mais regularidade, enquanto eu morava lá, eram o senhor Storks, o senhor Ewery, o senhor Humphry e o senhor Hickey. Também vi o senhor George Cookman em nossa casa. Nós, os escravos, amávamos o senhor Cookman. Acreditávamos que era um bom homem. Para nós, ele tivera papel fundamental em convencer o senhor Samuel Harrison, riquíssimo escravocrata, a emancipar seus servos; e de alguma forma tínhamos a impressão de que ele estava trabalhando para conseguir a emancipação de todos os escravos. Quando ele estava em casa, sempre éramos chamados para as orações. Os outros clérigos nos chamavam muito de vez em quando. O senhor Cookman prestava mais atenção em nós que qualquer outro pastor. Sempre que nos via, deixava transparecer sua simpatia, e, por mais estúpidos que fôssemos, conseguíamos notar isso.

Quando eu vivia com meu mestre em St. Michaels, havia um jovem branco, certo senhor Wilson, que propôs fundar uma escola sabatina para instruir os escravos dispostos a aprender a ler o Novo Testamento. Foram apenas três encontros até o senhor West e o senhor Fairbanks, ambos líderes de classe, e muitos outros, caírem sobre nós com porretes e pedras, e por fim nos expulsar, proibindo novos encontros. E foi o fim de nossa breve escola sabatina na piedosa cidade de St. Michaels.

Eu disse que meu mestre encontrou uma sanção religiosa para sua crueldade. Como exemplo, apresentarei um dos muitos fatos que

---

[19] John Wesley (1703-1791), clérigo anglicano, teólogo cristão britânico e líder precursor do movimento metodista, determinou que os "líderes de classe", mulheres e homens leigos, cuidassem da formação espiritual das pessoas. Eles serviam de modelo e mentores para outros membros da congregação. (N.T.)

FREDERICK DOUGLASS

corroboram essa acusação. Eu o vi amarrar uma jovem aleijada e açoitar seus ombros nus com um pesado couro de vaca, fazendo o sangue quente e vermelho pingar; e, para justificar o ato sangrento, o escutei citar a seguinte passagem das Escrituras: "E o servo que soube a vontade do seu senhor, e não se aprontou, nem fez conforme a sua vontade, será castigado com muitos açoites[20]".

Meu mestre costumava amarrar e açoitar essa jovem, muitas vezes mantendo-a nessa horrível situação por quatro ou cinco horas seguidas. Soube que ele a amarrava logo cedo e a surrava antes do desjejum; deixava-a lá, ia até sua loja, voltava na hora do jantar e a açoitava novamente, mirando nos lugares que a cruel chibata já deixara em carne viva. O segredo dessa crueldade com ela jazia no fato de Henny ser quase incapaz. Quando muito pequena, caíra no fogo e queimara-se horrivelmente. Suas mãos ficaram tão machucadas que ela não conseguia mais usá-las. Ela pouco podia fazer, a não ser carregar fardos pesados. Para o mestre, ela era fonte de gastos; e, como era um homem mau, a garota era uma constante ofensa a seus olhos. A impressão que se tinha era que desejava varrer a pobre Henny da face da Terra. Certa vez, ele a deu para sua irmã, mas esta rejeitou o presente e não quis mantê-la. Por fim, meu benevolente mestre resolveu, como ele mesmo disse, "abandoná-la à própria sorte, para que tome conta de si mesma". Lá estava um homem que, recém-convertido, separava uma mãe da filha e expulsava a pobre criança indefesa, deixando-a passar fome e morrer! Mestre Thomas era um dos inúmeros senhores de devotados escravos que os mantinham sob jugo com o muito caridoso propósito de cuidar deles.

Meu mestre e eu tínhamos nossas diferenças, e não eram poucas. Ele me achava inadequado como escravo. Minha vida na cidade, segundo ele, havia exercido efeito pernicioso sobre mim. Quase me arruinara para os bons propósitos e me deixara propenso para o mal. Uma de minhas

---

[20] Versículo da Bíblia, Lucas 12:47. (N.T.)

Relato da vida de Frederick Douglass

maiores faltas foi ter deixado o cavalo do meu mestre fugir e chegar à fazenda de seu sogro, cerca de oito quilômetros de St. Michaels. Eu teria, então, de buscá-lo. Cometi essa negligência de propósito porque lá sempre podia arrumar algo para comer. Mestre William Hamilton, sogro do meu mestre, sempre dava a seus escravos o bastante para comer. Eu nunca saía de lá com fome, não importava quão urgente fosse a necessidade de retorno. Mestre Thomas disse, por fim, que não iria mais suportar isso. Eu tinha vivido com ele por nove meses, durante os quais ele me dera uma série de violentas surras, todas inúteis. Ele resolveu "me pôr para fora", estas foram suas palavras, "para ser domado"; e com esse propósito me mandou passar um ano com um homem chamado Edward Covey. O senhor Covey era um homem pobre, um fazendeiro locatário. Alugara a propriedade em que morava e os braços que a cultivavam. O senhor Covey adquirira excelente reputação de domador de escravos – e ele a valorizava imensamente. Ela lhe permitia cultivar suas terras por um valor muito abaixo do normal. Alguns senhores de escravos achavam que não era de todo mau deixar o senhor Covey ficar com seus escravos durante um ano, sem nenhuma outra compensação, por causa do treinamento ao qual eram submetidos. Por causa dessa reputação, ele arrumava jovens trabalhadores com muita facilidade. Além de todas as boas qualidades naturais do senhor Covey, ele era professor de religião – uma alma piedosa –, membro e líder de classe na Igreja Metodista. Tudo isso acrescentava bastante peso a sua reputação de "domador de crioulos". Eu estava ciente de todos os fatos, pois fora informado por um jovem que vivera lá. Mesmo assim, aceitei a mudança com prazer; com certeza teria o suficiente para comer, o que não era pouca coisa para um homem faminto.

Capítulo 10

Deixei a casa de mestre Thomas e fui morar com o senhor Covey no primeiro dia de janeiro de 1833. Pela primeira vez na vida, passei a ser um braço na lavoura. No meu novo trabalho, me senti ainda mais desajeitado que um garoto do campo na cidade grande. Fazia uma semana que eu chegara a minha nova casa quando o senhor Covey me surrou violentamente, rasgando minhas costas, fazendo o sangue escorrer e abrindo na carne sulcos do tamanho de um dedo mindinho. Os detalhes desse caso são: bem cedo, na manhã de um dos dias mais frios de janeiro, o senhor Covey me mandou até a floresta pegar um fardo de lenha. Ele me deu uma parelha de bois chucros. Disse qual era o da esquerda e qual era o da direita. Então amarrou a ponta de uma grande corda ao redor dos chifres do boi à esquerda e me deu a outra ponta dizendo que se eles começassem a correr eu deveria agarrar a corda[21]. Eu nunca havia conduzido bois antes, então é claro que era inexperiente. Consegui, porém, chegar até a orla da floresta com alguma dificuldade; porém, mal tínhamos acabado de entrar

---

[21] O guardador ou condutor de bois segue à esquerda da parelha. (N.T.)

RELATO DA VIDA DE FREDERICK DOUGLASS

na mata quando os bois se assustaram e desembestaram a correr, jogando a carroça contra as árvores e atropelando a toda velocidade os cepos, com violência assustadora. Achei que a qualquer momento minha cabeça seria esmagada contra as árvores. Após correrem desse modo e alcançarem uma distância considerável, os bois finalmente viraram a carroça, lançando-a com grande força contra uma árvore, e penetraram em um denso matagal. Como escapei da morte, não sei. Lá estava eu, completamente sozinho em plena floresta, em um lugar desconhecido. Minha carroça estava virada e despedaçada, meus bois haviam se enfiado no meio das árvores e não havia ninguém para me ajudar. Após bastante tempo e muito esforço, consegui erguer e endireitar a carroça, achar os bois perdidos e novamente atrelá-los a ela. Então, prossegui com minha parelha até o lugar onde cortara lenha no dia anterior e coloquei o máximo possível na carroça, pensando em controlar meus bois com o peso da madeira. Depois tomei o caminho de casa. Metade do dia já havia se passado. Saí da floresta em segurança e senti, então, que estava fora de perigo. Parei os animais para abrir o portão; assim que o fiz, antes que pudesse segurar a corda, os bois começaram a correr novamente e passaram pelo portão, que ficou preso entre a roda e a estrutura da carroça e foi estraçalhado; por alguns centímetros, quase fui esmagado contra a cancela do portão. Assim, por duas vezes, em um único dia, escapei da morte por mero acaso. Quando cheguei, contei ao senhor Covey o que e como tudo aquilo tinha acontecido. Ele me mandou voltar para a floresta imediatamente. Obedeci, enquanto ele me seguia. Assim que cheguei à floresta, ele se aproximou e mandou parar a carroça dizendo que iria me ensinar a desperdiçar tempo e a quebrar portões. Foi até um grande eucalipto e, com o machado, cortou três varas grandes; depois de aplainá-las perfeitamente com um canivete, mandou eu me despir. Não respondi e fiquei imóvel. Ele repetiu a ordem. Continuei sem responder, nem me movi para tirar a roupa. Com isso, ele investiu contra mim com a ferocidade de um tigre, arrancou minhas roupas e me surrou até quebrar as varas, golpeando-me tão selvagemente que as marcas demoraram um bom tempo para sumir. Essa surra foi a primeira de muitas violências brutais e de afrontas semelhantes.

Morei com o senhor Covey por um ano. Nos primeiros seis meses daquele ano, não se passava uma semana sem que ele me açoitasse. Minhas costas sempre estavam cheias de feridas. Sua desculpa para me chicotear era, invariavelmente, minha ineficiência. Trabalhávamos até o limite das forças. Acordávamos muito antes do amanhecer, alimentávamos os cavalos e, ao raiar do dia, partíamos para o campo com as enxadas e as parelhas de arado. O senhor Covey nos dava o bastante para comer, mas pouco tempo para fazê-lo. Geralmente, tínhamos menos de cinco minutos para fazer as refeições. Ficávamos no campo do amanhecer até o último e derradeiro raio de sol; e, na época da colheita de feno, muitas vezes, ficávamos até meia-noite no campo, afiando as lâminas.

Nessas ocasiões, Covey ficava conosco. Ele só conseguia aguentar porque passava boa parte das tardes na cama. Assim que anoitecia, levantava-se, pronto para nos encorajar com suas palavras, com seu exemplo e, frequentemente, com seu chicote. O senhor Covey era um dos poucos senhores de escravos capaz de, efetivamente, realizar serviço braçal. Trabalhava duro. Sabia, por experiência própria, o que um homem ou um menino aguentava fazer. Ninguém conseguia enganá-lo. O trabalho seguia, em sua ausência, quase tão bem quanto na sua presença; e tinha o dom de nos fazer sentir que ele estava sempre ali. E fazia isso nos surpreendendo. Quase nunca se aproximava do local onde estávamos trabalhando se pudesse fazer isso às escondidas. Seu objetivo era sempre pegar os escravos de surpresa. Tamanha era sua astúcia que costumávamos chamá-lo, entre nós, de "cobra". Quando trabalhávamos no milharal, às vezes ele rastejava sobre as mãos e os joelhos para evitar ser descoberto e subitamente se levantava perto de nós gritando: "Ah, ah! Vamos, vamos! Não parem, não parem!". Com esse seu sistema de ataque, não era seguro parar de trabalhar um único minuto. O senhor

RELATO DA VIDA DE FREDERICK DOUGLASS

Covey chegava como um ladrão no meio da noite. Para nós, parecia que vivia sempre por perto. Estava atrás de cada árvore, toco, arbusto e em cada janela da casa. Por vezes, montava em seu cavalo fingindo ir até St. Michaels, a uma distância de onze quilômetros, e meia hora depois você o via em um canto da cerca de madeira observando cada movimento dos escravos. Ele costumava, com esse objetivo, deixar o cavalo amarrado na mata. Às vezes, vinha dar ordens também, como se estivesse prestes a iniciar uma longa viagem, depois virava as costas e fingia estar indo para casa se preparar; e, a meio caminho, voltava rapidamente, rastejando até o canto de alguma cerca ou atrás de alguma árvore, e ali nos vigiava até o pôr do sol.

O ponto forte do senhor Covey era seu poder de enganação. A vida dele resumia-se a planejar e perpetrar os mais cruéis ardis. Tudo que adquirira em matéria de aprendizado ou religião ele conseguira graças à propensão de enganar. Parecia se achar capaz de enganar até mesmo o Todo-Poderoso. Ele costumava fazer uma breve oração pela manhã e uma longa oração à noite; e, por mais estranho que isso possa parecer, poucos homens mostravam-se tão devotos quanto ele. Os exercícios devocionais de sua família sempre se iniciavam com cantorias; e, como ele não cantava muito bem, o dever de puxar o hino geralmente cabia a mim. Ele lia o hino e acenava para que eu começasse. Algumas vezes eu obedecia; outras não. Minha não conformidade quase sempre gerava muita confusão. Para mostrar que não dependia de mim, ele começava a balbuciar o hino da maneira mais desafinada possível. Mesmo nesse estado de espírito, orava com ânimo fora do comum. Pobre homem! Tamanho era seu entusiasmo e sucesso em enganar que acredito verdadeiramente que, às vezes, ele enganava até a si mesmo, acreditando solenemente ser um sincero adorador do Altíssimo; e isso quando todos sabiam que ele obrigara sua escrava a cometer o pecado do adultério. Os fatos desse caso são: o senhor Covey era um homem pobre no começo da vida, então só tinha condições de comprar um servo. Por mais chocante que isso seja,

Frederick Douglass

ele comprou uma escrava para, usando as próprias palavras, servir apenas e tão somente de *procriadora*. Chamou essa mulher de Caroline. O senhor Covey a adquiriu do senhor Thomas Lowe, que morava a cerca de dez quilômetros de St. Michaels. Ela era uma mulher alta, robusta, com cerca de 20 anos, que já havia dado à luz um filho; logo, era exatamente o que ele desejava. Depois de comprá-la, contratou um escravo casado, pertencente ao senhor Samuel Harrison, para morar na fazenda durante um ano e ordenou que ele a possuísse todas as noites! Como resultado, no final do ano a pobre mulher deu à luz gêmeos. O senhor Covey ficou muito satisfeito tanto com o homem quanto com a desafortunada mulher. Tamanha foi sua alegria que ele e a esposa não pouparam esforços para dar tudo do bom e do melhor para Caroline após o parto. As crianças foram consideradas uma ampliação de sua riqueza.

Posso dizer que, se houve algum momento de minha vida em que, mais que qualquer outro, fui obrigado a comer o pão amargo da escravidão, esse foi durante os primeiros seis meses da estada com o senhor Covey. Tínhamos de trabalhar em qualquer clima. Nunca estava muito quente ou frio; não havia chuva, tempestade, granizo ou neve que nos impedisse de trabalhar no campo. Trabalho, trabalho, trabalho: essa era ordem do dia e da noite. Os dias mais longos eram muito curtos para ele, e as noites mais curtas, muito longas. Eu era, de certo modo, incontrolável quando cheguei lá, mas alguns meses dessa disciplina me domaram. O senhor Covey conseguiu me quebrar. Fui quebrado em corpo, alma e espírito. Minha natural flexibilidade foi esmagada, meu intelecto definhou, a disposição de ler desapareceu, a alegre chama que brilhava em meus olhos se extinguiu; a noite escura da escravidão envolveu-me; e eis um homem transformado em bruto!

O domingo era meu único dia de lazer. Eu o passava dormindo e acordando embaixo de uma grande árvore, em uma espécie de estupor bestial. Por vezes me levantava subitamente animado com o lampejo de

Relato da vida de Frederick Douglass

liberdade e o tênue raio de esperança que brotavam em minha alma, mas estes cintilavam por um momento e depois se apagavam. Então sucumbia novamente, lamentando minha condição miserável. Muitas vezes, pensei em tirar minha vida e a de Covey, mas era impedido por um misto de esperança e medo. Hoje, meus sofrimentos naquela plantação me parecem mais um sonho que a dura realidade.

Nossa casa ficava a poucos metros da Baía de Chesapeake, cujo amplo seio estava sempre lívido, repleto de velas de todos os cantos do mundo. Aqueles lindos barcos, trajados com o mais puro branco, tão encantadores aos olhos dos homens livres, pareciam fantasmas com mortalhas enviados para me aterrorizar e atormentar com pensamentos sobre minha infeliz situação. Muitas vezes, na profunda quietude de um sábado de verão, eu ficava sozinho nas margens elevadas daquela nobre baía e seguia, com o coração entristecido e os olhos lacrimosos, as incontáveis velas que deslizavam para o poderoso oceano. Essa visão sempre me afetava grandemente. Meus pensamentos exigiam ser expressos; e lá, sem nenhum público, exceto o Todo-Poderoso, eu deixava as queixas de minha alma transbordar e, do meu jeito rude, evocava a miríade de navios em movimento: "Vocês soltaram suas amarras e estão livres; estou preso em grilhões e sou um escravo! Vocês se movem alegremente, ao sabor do doce vento, e eu me movo com tristeza diante do chicote sangrento! Vocês são os anjos da liberdade, de asas velozes, que voam ao redor do mundo; eu estou confinado em anéis de ferro! Ah, se eu fosse livre! Ah, se estivesse em um de seus galantes conveses, sob sua asa protetora! Mas ai de mim! Entre nós há um turbilhão de águas turvas. Sigam em frente, sigam em frente. Ah, se eu pudesse também seguir! Se soubesse nadar! Se pudesse voar! Ah, por que nasci homem se querem me transformar em bruto? O feliz navio se foi; já está longe, oculto na penumbra. E cá estou eu, no escaldante inferno da eterna escravidão. Ó Deus, salva-me! Deus, livra-me do mal! Liberta-me! Existe um Deus? Por que sou escravo? Vou fugir. Não vou suportar mais. Independentemente de ser pego ou de conseguir escapar, vou tentar. Também posso morrer com uma febre ardente. Tenho apenas uma vida a perder. Posso tanto morrer correndo como morrer parado. Só preciso pensar: cento e sessenta quilômetros em direção ao norte e estou livre! Devo tentar? Sim! Com Deus ao meu lado, conseguirei. Não posso ser aquele que nasce e morre escravo. Vou me entregar à água. Essa mesma baía ainda vai me levar à liberdade. Os barcos a vapor seguem o curso a nordeste a partir de North Point. Farei o mesmo; e, quando estiver na parte alta da baía, virarei a canoa, deixando-a à deriva, e seguirei a pé, direto a Delaware e de lá à Pensilvânia. Quando chegar, não me exigirão um passe; poderei viajar sem ser incomodado. Vou aproveitar a primeira oportunidade e, de qualquer modo, partir. Enquanto isso, tentarei suportar o jugo. Não sou o único escravo no mundo. Por que devo me afligir? Posso aguentar tanto quanto qualquer um. Além disso, sou apenas um garoto, e todos os garotos estão ligados a alguém. Pode ser que meu sofrimento como escravo apenas aumente minha felicidade quando eu me libertar. Um dia melhor há de chegar".

Assim eu costumava pensar, falando sozinho, quase à beira da loucura em um momento e reconciliando-me com minha triste sina em outro.

Já mencionei que minha vida foi muito pior na primeira metade da estada com o senhor Covey que nos últimos seis meses. As circunstâncias que levaram à mudança de atitude do senhor Covey comigo são um marco na minha humilde história. Vocês viram como um homem se transforma em escravo; verão agora como um escravo se transforma em homem. Em um dos dias mais quentes do mês de agosto de 1833, Bill Smith, William Hughes, um escravo chamado Eli e eu abanávamos o trigo. Hughes recolhia o trigo abanado, Eli o virava, Smith o debulhava e eu o abanava. Era uma tarefa simples, que exigia mais força que intelecto; contudo, para alguém totalmente desacostumado com esse tipo de trabalho, era bastante difícil. Naquele dia, por volta das três horas da tarde, desmaiei.

Relato da vida de Frederick Douglass

Minhas forças falharam, senti violenta dor de cabeça, acompanhada de uma extraordinária vertigem, e um estremecimento geral acometeu meus membros. Sabendo o que aconteceria se eu parasse de trabalhar, tentei me reanimar. Fiquei em pé o máximo que pude, cambaleando até o funil com os grãos. Quando não aguentei mais, caí e senti como se um imenso peso não me deixasse levantar. O abanador parou de funcionar, é claro; cada um tinha seu próprio trabalho a fazer, e ninguém podia fazer seu trabalho e o do outro.

O senhor Covey estava em casa, a cerca de cem metros do local onde estávamos abanando. Quando ouviu o abanador parar, saiu imediatamente e veio até nós. Logo perguntou qual era o problema. Bill respondeu que eu estava doente e não havia ninguém para levar o trigo até o abanador. A essa altura, eu havia me arrastado para baixo do poste e da cerca que delimitavam o pátio, esperando encontrar algum alívio na sombra. Ele então perguntou onde eu estava. Um dos trabalhadores informou a ele. Ele foi até o local e, após me fitar por algum tempo, perguntou o que estava acontecendo. Eu lhe respondi como pude, pois mal tinha forças para falar. Então ele me deu um violento chute nas costelas e mandou que me levantasse. Tentei obedecer, mas caí de novo. Ele me deu outro chute e repetiu a ordem. Tentei de novo e consegui ficar de pé, mas, abaixando-me para pegar a vasilha com a qual alimentava o abanador, cambaleei e caí outra vez. Ao me ver nessa situação, o senhor Covey pegou o sarrafo de nogueira com o qual Hughes estivera contabilizando a medida de meio celamim e com ele me deu um forte golpe na cabeça, que abriu uma grande ferida e fez o sangue jorrar livremente; em seguida, mandou de novo que eu me levantasse. Não fiz algum esforço para obedecer, pois estava decidido a deixá-lo ir até o fim. O senhor Covey, então, me deixou entregue à própria sorte. Pouco tempo depois do golpe na cabeça, comecei a me sentir um pouco melhor. Nesse momento, resolvi, pela primeira vez, ir até meu mestre, registrar queixa e pedir sua proteção. A fim de fazer isso, eu

FREDERICK DOUGLASS

deveria, na mesma tarde, caminhar onze quilômetros, o que, naquelas circunstâncias, seria uma tarefa realmente difícil. Estava muito fraco e fora reduzido a esse estado tanto pelos chutes e golpes recebidos quanto pela implacável doença que me acometera. No entanto, tive uma chance quando Covey desviou o olhar; comecei a andar em direção a St. Michaels. Estava a uma distância considerável, quase na floresta, quando Covey me viu e mandou que eu voltasse, gritando o que faria se eu não obedecesse. Ignorei as ordens e ameaças e continuei seguindo o caminho para a floresta o mais rápido que meu estado debilitado permitia. Vendo que poderia ser capturado se permanecesse na estrada, embrenhei-me na floresta, mantendo-me longe o bastante para não ser detectado e perto o bastante para não me perder. Não havia ido muito longe quando minhas escassas forças falharam novamente. Não pude continuar. Caí e fiquei deitado por um bom tempo. O sangue ainda escorria da minha cabeça. Por um momento, achei que sangraria até morrer; e hoje penso que isso de fato ocorreria se o grosso sangue seco no meu cabelo não houvesse parado o sangramento. Fiquei deitado por cerca de quarenta e cinco minutos, quando então consegui reunir minhas forças novamente e voltei a caminhar por brejos e arbustos espinhosos. Estava descalço, com a cabeça descoberta e os pés feridos de tanto andar. Após uma viagem de mais ou menos onze quilômetros, que durou cerca de cinco horas, cheguei à loja do mestre. Minha aparência seria capaz de comover qualquer um, exceto um coração de pedra. Estava coberto de sangue, da cabeça aos pés. Meu cabelo era um único coágulo de feridas e poeira; minha camisa estava dura de tanto sangue. Creio que eu parecia um homem que escapara por pouco de um covil de feras selvagens. Foi nesse estado que surgi diante do meu mestre suplicando-lhe humildemente que interviesse, com sua autoridade, para me proteger. Contei-lhe todas as circunstâncias da melhor maneira possível e tive a impressão de que, por vezes, ele pareceu tocado pelas minhas palavras. Então ele começou a caminhar pela sala e tentou justificar Covey

Relato da vida de Frederick Douglass

dizendo que provavelmente eu merecera a surra. Perguntou o que eu gostaria que fizesse. Pedi-lhe que me arranjasse uma nova casa dizendo que, se voltasse a morar com o senhor Covey, não seria para viver com ele, e sim para morrer, pois certamente era o que ele faria, já que tinha todas as condições para isso. Mestre Thomas ridicularizou essa ideia dizendo que conhecia o senhor Covey e sabia que era um homem bom, de maneira que jamais pensaria em me tirar dele, pois, se o fizesse, perderia um ano inteiro de salário. Acrescentou que eu pertencia ao senhor Covey por um ano e que deveria voltar para ele sem demora; e, se eu o incomodasse novamente com essas histórias, me daria uma lição. Após me ameaçar desse modo, mandou que eu ingerisse uma grande dose de sal dizendo que poderia pernoitar em St. Michaels, pois já era muito tarde, mas que deveria voltar para o senhor Covey logo pela manhã; e que, se eu não obedecesse, ele me daria uma lição, fazendo-me entender que iria me açoitar. Passei a noite lá e, no sábado de manhã, bem cedo, com o corpo exausto e o espírito derrotado, mas seguindo suas ordens, parti para a casa de Covey. Não recebi jantar naquela noite nem desjejum na manhã seguinte. Cheguei à casa de Covey por volta das nove horas. Assim que saltei a cerca que separava os campos da senhora Kemp dos nossos, lá veio Covey correndo com seu couro de vaca para me dar outra surra. Antes que me alcançasse, consegui chegar ao milharal e, como o milho estava alto, achei um modo de me esconder. Ele estava muito zangado e me procurou por um bom tempo. Meu comportamento deve ter lhe parecido inexplicável. Ele finalmente desistiu da caçada, pensando, imagino, que eu teria de voltar para comer, de maneira que não adiantava se dar ao trabalho de me procurar. Passei a maior parte do dia na floresta, com apenas duas alternativas diante de mim: ir para casa e ser açoitado até a morte ou ficar na floresta e morrer de fome. Naquela noite, encontrei Sandy Jenkins, um escravo com quem tinha certa familiaridade. A esposa de Sandy, uma negra liberta, vivia a cerca de nove quilômetros dali; como era sábado, ele estava a caminho para visitá-la. Eu lhe contei minha situação, e ele, muito gentilmente, me convidou para ir à sua casa. Aceitei o convite, discutimos a questão, e ouvi seu conselho quanto à melhor atitude a tomar. Sandy era um bom conselheiro. Ele disse, com grande solenidade, que era melhor eu voltar para Covey, mas pediu-me que antes o acompanhasse até outra parte da floresta, onde havia certa raiz que, se eu carregasse sempre comigo, do lado direito, tornaria impossível que o senhor Covey ou qualquer outro branco me açoitasse. Ele disse que fazia isso havia anos e desde então jamais recebera uma única surra. A princípio refutei a ideia de que uma simples raiz guardada no bolso pudesse ter um efeito como o que ele descreveu e não estava disposto a pegá-la; no entanto, Sandy frisou essa necessidade com muita franqueza dizendo que mal ela não faria. Para lhe agradar, acabei arrancando a raiz e, de acordo com sua orientação, guardei-a no bolso direito. Era domingo de manhã. Imediatamente tomei o rumo de casa. Ao passar pelo portão do pátio, deparei-me com o senhor Covey, que saía a caminho do culto. Ele dirigiu-se a mim de maneira muito amável, mandou que eu levasse os porcos até um terreno próximo e seguiu em direção à igreja. A singular conduta do senhor Covey me fez começar a acreditar que realmente havia algo na raiz que Sandy me dera; e, fosse qualquer outro dia da semana, eu teria atribuído essa conduta a alguma outra causa que não a influência daquela raiz. Contudo, como era domingo, fiquei bastante inclinado a pensar que a raiz era melhor do que eu inicialmente imaginara. Tudo correu bem até a manhã de segunda-feira. Nessa manhã, a virtude da raiz foi posta à prova. Muito antes do amanhecer, mandaram-me escovar, limpar e alimentar os cavalos. Obedeci feliz. Mas, enquanto eu me ocupava tirando alguns fardos de feno do palheiro, o senhor Covey entrou no estábulo com uma corda comprida e, vendo que eu estava com metade do corpo fora do palheiro, agarrou minhas pernas. Estava prestes a me amarrar; quando percebi o que ele estava fazendo, dei um súbito pulo e, ao fazer isso, me esparramei no chão do estábulo, pois ele ainda segurava minhas pernas.

Relato da vida de Frederick Douglass

Provavelmente o senhor Covey achou que havia me dominado e podia fazer o que bem entendesse; mas naquele momento – de onde veio ânimo, não sei – resolvi lutar; e, somando minha ação à resolução, agarrei-o com força pela garganta e me levantei. Um segurava o outro. Minha resistência foi tão inesperada que Covey pareceu espantado. Tremia feito vara verde. Isso me deu segurança e cravei vigorosamente as unhas em sua carne, fazendo o sangue escorrer. O senhor Covey logo chamou Hughes para socorrê-lo. Hughes veio e tentou amarrar minha mão direita, enquanto Covey me segurava. Quando estava quase conseguindo, aproveitei uma chance e dei-lhe um forte chute embaixo das costelas. Hughes ficou completamente atordoado e me soltou. Esse chute teve o poder de abater ambos. Quando Covey viu Hughes curvado de dor, sua coragem arrefeceu. Ele perguntou se eu continuaria resistindo. Respondi que sim, a qualquer custo; disse que ele havia me usado como um animal por seis meses e que eu não toleraria mais ser tratado assim. Ao ouvir isso, ele lutou para me arrastar até um bastão que havia atrás da porta do estábulo, lá fora. Pretendia me derrubar com ele. No entanto, assim que se inclinou para pegá-lo, eu o agarrei pelo colarinho com as duas mãos e, com um movimento súbito, joguei-o no chão. Nessa hora Bill veio. Covey pediu ajuda a ele. Bill quis saber o que poderia fazer. Covey disse: "Agarre-o, agarre-o!". Bill respondeu que ele o contratara para trabalhar, não para ajudá-lo a me açoitar; então deixou Covey e eu com nossa batalha particular. Ficamos nisso por quase duas horas. Covey, por fim, me deixou ir, bufando e respirando com dificuldade, dizendo que se eu não tivesse resistido não teria me açoitado tanto. A verdade é que ele nem conseguiu usar a chibata. Achei que levou a pior na barganha, pois não tirou uma única gota de sangue de mim, mas tirei dele. Nos seis meses seguintes que passei com o senhor Covey, ele nunca mais pôs o dedo em mim. Ocasionalmente, dizia que não queria me punir de novo. "Não", eu pensava, "pois, se tentar, vai sair pior que antes."

Essa batalha com o senhor Covey foi um momento decisivo da minha vida de escravo. Ela reacendeu as poucas e quase extintas brasas da liberdade e reavivou a compreensão de minha própria masculinidade. Trouxe à tona a autoconfiança que fenecera e inspirou-me novamente a determinação de ser livre. A gratificação proporcionada por aquela vitória compensou plenamente qualquer outra coisa que pudesse vir depois, até a própria morte. Só entende a profunda satisfação que senti quem repeliu com as próprias forças o braço sangrento da escravidão. Eu me sentia bem como nunca antes. Foi uma ressurreição gloriosa, da tumba da escravidão para o céu da liberdade. Meu espírito havia muito abatido animou-se, a covardia me abandonou, e uma ousada rebeldia tomou seu lugar; resolvi que, por mais que demorasse para eu deixar de ser escravo por fora, jamais voltaria a ser escravo por dentro. Não hesitava em deixar bem claro a qualquer branco que, se quisesse me açoitar, teria de me matar primeiro.

Desse momento em diante, nunca mais "tiraram meu couro", como costumavam dizer, embora eu continuasse a ser escravo por mais quatro anos. Tive várias brigas, mas nunca fui açoitado.

Durante muito tempo me perguntei por que o senhor Covey não chamara imediatamente um guarda para me levar ao pelourinho, onde normalmente seria açoitado pelo crime de erguer a mão contra um branco. E a única explicação em que consigo pensar não me deixa satisfeito por completo, mas ainda assim lhes direi. O senhor Covey gozava de ilimitado prestígio como exímio domador de negros. Para ele, isso era muito importante. Se tivesse me enviado – eu, um garoto com cerca de 16 anos – ao pelourinho público, sua reputação teria se perdido; então, para salvá-la, deixou que eu escapasse impune.

Meu contrato de serviço com o senhor Edward Covey terminou no dia de Natal de 1833. Os dias entre o Natal e o Ano-Novo são vistos como feriados, e, consequentemente, não tínhamos de realizar nenhum trabalho,

Relato da vida de Frederick Douglass

além de cuidar dos animais e alimentá-los. Era um momento só nosso, permitido pela graça dos mestres; portanto, nós o utilizávamos ou dele abusávamos da melhor maneira possível. Os que tinham família longe eram geralmente autorizados a passar os seis dias em sua companhia. Esse tempo, porém, também era gasto de outras maneiras. Os mais sérios, sensatos, pensativos e laboriosos ocupavam-se em produzir vassouras de palha de milho, esteiras, colares de cavalos e cestas; outros passavam o tempo caçando gambás, lebres e guaxinins. Contudo, a grande maioria dos escravos entregava-se a esportes e diversões, como jogar bola, praticar luta livre, apostar corrida, tocar violino, dançar e beber uísque; este último modo de passar o tempo era, de longe, o que mais agradava aos nossos mestres. Eles achavam que o escravo que trabalhasse durante o feriado não merecia desfrutar dessa regalia. Quem ousasse fazê-lo era visto como aquele que rejeitou o favor do mestre. Eles julgavam uma vergonha o escravo que não ficasse completamente bêbado no Natal e consideravam um grande preguiçoso aquele que, durante o ano, não houvesse feito os ajustes necessários para conseguir uísque suficiente até o Natal.

Pelo que sei do efeito desses feriados nos servos, acredito que ele seja um dos meios mais eficazes utilizados pelos senhores para aplacar o espírito de rebelião. Se os escravocratas abandonassem essa prática, não tenho a menor dúvida de que haveria uma insurreição imediata entre os escravos. Os feriados servem de condutores, ou de válvulas de segurança, para deter o espírito rebelde da humanidade escravizada. Não fosse por eles, o escravo cairia no mais profundo desespero. E ai do senhor de escravos que um dia ousasse remover ou obstruir o funcionamento desses condutores! Sem dúvida tal situação haveria de acirrar os ânimos entre os escravos, e o resultado seria mais assustador que o mais violento terremoto.

Os feriados são parte integrante do grosseiro, equivocado e desumano engodo que é a escravidão. Alega-se que esse costume surgiu da

FREDERICK DOUGLASS

benevolência dos senhores de escravos; mas garanto que são resultado de puro egoísmo e um dos maiores logros cometidos contra o escravo oprimido. Os mestres não concedem esses dias aos escravos porque desejam que descansem, mas porque sabem que não seria seguro privá-los desse "benefício". Isso pode ser deduzido pela preferência de que os servos passem esses dias de maneira que fiquem tão felizes com seu término quanto com o início. Aparentemente, o objetivo dos senhores é fazer com que tenham "nojo" da liberdade, mergulhando-os nos níveis mais sórdidos de dissipação. Por exemplo, os mestres não apenas gostam de ver o escravo beber por conta própria como adotam vários meios de deixá-lo bêbado. Um deles é apostar quem bebe mais uísque sem se embriagar; dessa forma, conseguem fazer com que hordas de escravos bebam em demasia. Assim, quando o escravo pede sua virtuosa liberdade, o ardiloso senhor de escravos, conhecendo sua ignorância, o engana com uma dose de perversa dissipação, que ele engenhosamente rotulou de liberdade. A maioria de nós costuma beber até cair nessas ocasiões, e o resultado é exatamente o esperado: muitos são incitados a achar que há pouca diferença entre a liberdade e a escravidão. Sentimos, muito apropriadamente, que tanto faz ser escravo do homem quanto do rum. Então, quando o feriado acaba, levantamo-nos cambaleantes da sujeira daquele lodaçal, respiramos fundo e marchamos para o campo – bastante felizes, de modo geral, em abandonar aquilo que o mestre nos fez acreditar que era a liberdade e caindo de novo nos braços da escravidão.

Eu disse que essa forma de tratamento faz parte do sistema enganador e desumano da escravidão. E de fato é. A tática que adotam para fazer com que o escravo tenha nojo da liberdade e a veja apenas como depravação é realizada em outras situações. Consideremos, por exemplo, um escravo que adora melaço e resolve roubar um pouco. Seu mestre, na maioria dos casos, vai até a cidade e compra uma enorme quantidade de melaço. Depois volta, pega a chibata e manda o escravo comer melaço até o pobre coitado vomitar só de ouvir falar daquilo. O mesmo procedimento, por

Relato da vida de Frederick Douglass

vezes, é adotado para fazer os escravos não pedirem mais comida além da ração habitual. Imaginemos um escravo que come toda sua ração e pede mais. Seu mestre fica furioso; contudo, não querendo mandá-lo para o trabalho sem comida, dá a ele mais que o necessário e o obriga a comer tudo aquilo em curto período. Então, se reclamar que não consegue comer, o mestre diz que ele está sempre descontente, com a barriga cheia ou vazia, e o açoita por ser difícil de lhe agradar! Tenho inúmeros exemplos com esse mesmo princípio, extraídos de situações que presenciei com meus próprios olhos, mas creio que os casos que citei são suficientes. A prática é bastante comum.

No primeiro dia de janeiro de 1834, deixei o senhor Covey e fui morar com o senhor William Freeland, que vivia a cerca de cinco quilômetros de St. Michaels. Logo descobri que o senhor Freeland era um homem muito diferente do senhor Covey. Embora não fosse rico, era o que chamavam de um "educado cavalheiro sulista". O senhor Covey, como demonstrei, era um capataz e domador de negros. Freeland, embora fosse escravo-crata, parecia ter algum apreço pela honra, respeito pela humanidade e alguma reverência pela justiça. Já Covey parecia completamente alheio a esses sentimentos. O senhor Freeland tinha muitos defeitos inerentes a senhores de escravos, como ser muito impetuoso e irascível; mas devo lhe fazer justiça ao dizer que não nutria vícios degradantes como os do senhor Covey. O primeiro era receptivo, sincero, e sempre sabíamos onde encontrá-lo. O outro era um enganador astuto, que quase nunca podia ser localizado. Meu novo mestre também não demonstrava nem professava sua religião, e isso, na minha opinião, era realmente uma enorme vanta-gem. Afirmo, sem hesitar, que no Sul a religião acoberta os mais horríveis crimes, justifica as mais terríveis barbáries e santifica os mais odiosos engodos; que ela é um refúgio sombrio, no qual as mais nefastas, sórdidas, grosseiras e malignas atitudes dos senhores de escravos estão fortemen-te protegidas. Se fosse outra vez aprisionado, eu consideraria a maior calamidade que poderia me acontecer tornar-me escravo de um mestre religioso. Pois de todos os escravocratas que já conheci os religiosos são os piores. Creio que são mais mesquinhos, desprezíveis, cruéis e covardes que os outros. Minha triste sina foi não apenas pertencer a um senhor de escravos religioso como viver em uma comunidade cheia deles. Muito próximo ao senhor Freeland viviam o reverendo Daniel Weeden e, na mesma vizinhança, o reverendo Rigby Hopkins. Estes eram membros e pastores da Igreja Metodista Reformada. O senhor Weeden tinha, entre outros, uma escrava cujo nome esqueci. As costas dessa mulher permaneciam, por semanas, literalmente em carne viva, devido às chibatadas desse implacável patife religioso. Ele costumava contratar braços para trabalhar em sua terra. Sua máxima era: "Independentemente da conduta do escravo, é dever de um mestre açoitá-lo de vez em quando, para que ele se lembre de quem manda". Assim pregava e assim fazia.

O senhor Hopkins era ainda pior que o senhor Weeden. Tinha como principal orgulho a habilidade de "governar" os escravos. Uma característica peculiar do seu governo era açoitar gratuitamente os escravos. Ele sempre conseguia um ou mais escravos para chicotear toda segunda-feira de manhã. Fazia isso para assustá-los e semear terror entre os que escapavam do castigo. Seu plano era açoitar pelas menores ofensas, a fim de prevenir que se cometessem as grandes. O senhor Hopkins sempre arrumava desculpas para açoitar um escravo. Alguém não habituado à vida escravista ficaria surpreso em ver com que maravilhosa facilidade um senhor de escravos encontra justificativas para surrar um escravo. Por uma simples palavra, um olhar, um movimento – um erro, acidente ou ato de rebeldia –, um escravo podia ser açoitado por tudo isso a qualquer momento. O escravo parece insatisfeito? Dizem que tem o diabo no corpo e este deve ser expulso a chibatadas. Fala alto quando se dirige ao mestre? Está ficando arrogante e deve ser colocado em seu lugar. Esquece de tirar o chapéu quando um branco se aproxima? Não tem reverência e deve ser chicoteado por isso. Ousa defender sua conduta quando censurado? Então é acusado de insolência – um dos mais graves

Relato da vida de Frederick Douglass

delitos. Sugere um modo de fazer as coisas diferente do ordenado pelo mestre? Então é presunçoso, acha-se mais do que realmente é, e nada menos que uma boa surra vai emendá-lo. Quebrou um arado ao lavrar a terra ou uma enxada ao carpir? É descuidado, e a punição para isso é o açoite. O senhor Hopkins sempre conseguia encontrar coisas do tipo para justificar o uso da chibata e raramente deixava passar essas oportunidades. Não havia um único homem, em todo o condado, com quem os escravos não preferissem viver em vez de com o reverendo Hopkins. E, ainda assim, não havia um homem naquela região que fizesse maiores profissões de fé, que fosse mais ativo em reavivamentos, mais atento às orações e pregações ou mais devotado à família. Ninguém orava mais cedo, mais tarde, mais alto e por mais tempo que o reverendo e capataz de escravos Rigby Hopkins.

Voltemos, contudo, ao senhor Freeland e à minha experiência como seu empregado. Ele, como o senhor Covey, nos fornecia o suficiente para comer, mas, ao contrário, nos dava tempo de fazer as refeições. Trabalhávamos duro, mas sempre entre o nascer e o pôr do sol. Havia muito trabalho a ser feito, porém boas ferramentas para realizá-lo. Sua fazenda era grande, mas ele empregava os braços necessários para trabalhá-la, e com facilidade, como não ocorria com muitos dos vizinhos. O tratamento que recebi enquanto estive a seu serviço foi celestial em comparação com o que vivi nas mãos do senhor Edward Covey.

O senhor Freeland tinha apenas dois escravos, Henry Harris e John Harris. O restante dos braços era contratado. Estes eram Sandy Jenkins[22], Handy Caldwell e eu. Henry e John eram muito inteligentes, e pouco tempo depois de eu ter me mudado para lá consegui despertar neles um forte desejo de aprender a ler. Logo os outros demonstraram o mesmo

---

[22] Foi esse mesmo homem que me deu a raiz para impedir que fosse açoitado pelo senhor Covey. Ele era uma alma inteligente. Costumávamos conversar com frequência sobre minha briga com Covey, e, sempre que o fazíamos, ele atribuía o resultado do meu sucesso à raiz. Essa superstição é muito comum entre os escravos mais ignorantes. Quando um escravo morre, é muito raro sua morte não ser atribuída a alguma feitiçaria. (N.A.)

FREDERICK DOUGLASS

interesse. Eles rapidamente reuniram alguns livros de ortografia antigos e começaram a insistir para que eu criasse uma escola dominical. Concordei em fazê-lo e consequentemente dediquei meus únicos dias livres a ensinar esses estimados companheiros escravos a ler. Nenhum deles sabia escrever o nome quando fui morar lá. Alguns escravos das fazendas vizinhas souberam do que se passava e também quiseram aproveitar a rara oportunidade de aprender a ler. Ficou entendido, entre todos os participantes, que devia haver o mínimo possível de divulgação desse fato. Nossos piedosos mestres de St. Michaels não podiam saber que, em vez de passar o domingo engalfinhados no chão, lutando e bebendo uísque, tentávamos aprender a ler a vontade de Deus, pois eles preferiam que praticássemos esses esportes degradantes a nos ver agindo como seres intelectuais, morais e responsáveis. Meu sangue ferve quando penso na maneira violenta como os senhores Wright Fairbanks e Garrison West, ambos líderes de classe, e muitos outros, avançaram sobre nós com paus e pedras para destruir nossa pequena e virtuosa escola sabatina em St. Michaels – e todos se diziam cristãos, humildes seguidores de Nosso Senhor Jesus Cristo! Mas estou divagando novamente.

Mantive minha escola dominical na casa de um homem negro liberto, cujo nome considero imprudente mencionar, pois a divulgação poderia lhe causar grande embaraço, embora o crime de abrigar a escola tenha sido cometido dez anos atrás. Naquela época, tive mais de quarenta alunos, e todos do melhor tipo: sedentos por aprendizado. Havia gente de idade variada, embora, na maioria, homens e mulheres jovens. Olho para trás e lembro-me daqueles domingos com um prazer que não consigo expressar. Foram dias maravilhosos para minha alma. O trabalho de instruir meus estimados companheiros foi o mais doce compromisso que tive a honra de exercer. Nutríamos um genuíno amor uns pelos outros, e deixá-los, ao término da escola dominical, foi muito difícil para mim. Quando penso que aquelas almas preciosas ainda estão encerradas no cárcere da escravidão, não consigo me controlar e quase me vejo perguntando: "Há um Deus

RELATO DA VIDA DE FREDERICK DOUGLASS

justo governando o universo? E por que carrega os trovões na mão direita se não para fulminar o opressor e libertar o espoliado das mãos do espoliador?". Aquelas estimadas almas não iam à escola dominical por pura curiosidade, nem eu queria ensiná-las para me sentir respeitável. A cada momento que passavam naquela escola, corriam o risco de receber trinta e nove chibatadas. Elas iam porque desejavam aprender. A mente delas estava sedenta de saber, algo que lhes fora negado pelos cruéis mestres. Tinham sido encerradas em uma escuridão mental. Eu lhes ensinei porque minha alma se alegrava em fazer algo para melhorar as condições da minha raça. Fui professor durante quase todo o ano em que morei com o senhor Freeland; e, além da escola dominical, dediquei três noites da semana, durante o inverno, a ensinar os escravos de casa. Tive a felicidade de saber que vários frequentadores da escola aprenderam a ler e que pelo menos um conseguiu se libertar graças a esse conhecimento.

O ano transcorreu sem percalços. Não pareceu tão longo quanto o anterior. Passei por ele sem receber uma única chibatada. Concedo ao senhor Freeland o mérito de ter sido o melhor mestre que já tive, até eu me tornar meu próprio mestre. No entanto, devo a tranquilidade com que passei aquele ano ao convívio de meus companheiros escravos. Eles eram almas nobres, que não apenas tinham coração terno, mas também destemido. Estávamos associados, ligados uns aos outros. Eu os amava com fervor, algo que nunca sentira antes. Dizem, por vezes, que nós, escravos, não amamos e não confiamos uns nos outros. Em resposta a essa afirmação, posso dizer que jamais amei ou confiei tanto em alguém quanto em meus estimados companheiros escravos, em especial aqueles com quem vivi na casa do senhor Freeland. Creio que teríamos morrido uns pelos outros. Jamais nos comprometíamos a fazer algo minimamente importante sem consulta prévia. Não nos separávamos. Éramos uma única pessoa, tanto por nossos temperamentos e nossas disposições quanto pelas dificuldades mútuas às quais éramos necessariamente submetidos na condição de escravos.

Frederick Douglass

No final do ano de 1834, o senhor Freeland me contratou novamente para trabalhar em 1835. Nessa época, porém, passei a desejar viver em terra livre em vez de com Freeland[23]; e não estava mais satisfeito em viver com ele ou qualquer outro senhor de escravos. No início do ano, comecei a me preparar para a batalha final que iria decidir, de um jeito ou de outro, meu destino. Minha intenção era subir[24]. Eu me aproximava cada vez mais da idade adulta e, entrava ano, saía ano, continuava escravo. Esses pensamentos acenderam um alerta em meu coração – decidi que precisava fazer alguma coisa. Resolvi, portanto, que no ano de 1835 faria pelo menos uma tentativa de garantir minha liberdade. Mas não estava disposto a acalentar sozinho essa determinação. Meus companheiros escravos me eram muito caros. Fiquei ansioso para que se juntassem a mim, participassem de minha determinação vivificante. De maneira que, com grande prudência, comecei a avaliar os pontos de vista e sentimentos que eles nutriam em relação à escravidão e a imbuir a mente deles com pensamentos de liberdade. Esforcei-me para conceber meios e modos para nossa fuga, enquanto, em todas as ocasiões possíveis, tentava impressioná-los falando sobre o terrível engodo e a desumanidade da escravidão. Primeiro abordei Henry, depois John e por fim os outros. Encontrei, em todos eles, coração caloroso e espírito nobre. Eles estavam prontos para ouvir e agir quando um plano viável fosse apresentado. Era o que eu desejava. Disse que seria uma falta de hombridade se nos submetêssemos à escravidão sem pelo menos uma nobre tentativa de sermos livres. Encontrávamo-nos e consultávamos uns aos outros com frequência, contávamos nossos medos e nossas esperanças e imaginávamos as dificuldades reais e fictícias que poderíamos encontrar. Algumas vezes, pensávamos em desistir e tentar nos contentar com nossa sina miserável; outras, permanecíamos firmes e irredutíveis em nossa determinação de escapar. Sempre que alguém sugeria um plano, havia certa

---

[23] Trocadilho intraduzível com o sobrenome Freeland, que em inglês significa "terra livre". (N.T.)

[24] No original, *My tendency was upward*, ou seja, o autor estava inclinado a fugir para as regiões acima de onde estava, Maryland, em direção à região Norte dos EUA, que era abolicionista. (N.T.)

Relato da vida de Frederick Douglass

relutância, pois nossas chances eram terríveis. O caminho estava repleto de grandes obstáculos, mas se conseguíssemos superá-los nossa liberdade ainda seria questionável e estaríamos sujeitos a voltar para a escravidão. Não conseguíamos imaginar nenhum lugar deste lado do oceano onde poderíamos ser livres. Nada sabíamos sobre o Canadá.

Nosso conhecimento do Norte resumia-se a Nova Iorque; e pensar em ir até lá para ser eternamente atormentado com a terrível possibilidade de voltar à escravidão – e, por certo, ser tratado dez vezes pior que antes – era, de fato, horrível e difícil de suportar. E havia ainda outro problema: em cada portão, víamos um vigia; em cada balsa, um guarda; em cada ponte, uma sentinela; e em cada bosque, uma patrulha. Estávamos cercados por todos os lados. Eram as dificuldades reais ou imaginárias – o bem a ser procurado e o mal a ser evitado. Por um lado, havia a escravidão, a dura realidade, que nos fitava assustadoramente – suas vestes já estavam vermelhas com o sangue de milhões e ainda assim ela devorava avidamente nossa carne. Por outro lado, lá longe, à sombria distância, sob a luz bruxuleante da estrela do Norte, atrás de alguma colina escarpada ou montanha coberta de neve, havia uma duvidosa liberdade acenando com as mãos semicongeladas para que compartilhássemos sua hospitalidade. Isso, por si só, já bastava para nos deixar aturdidos; mas, quando nos permitíamos inspecionar a estrada, ficávamos verdadeiramente horrorizados. De ambos os lados víamos uma morte horrível, que assumia as mais horrendas formas. Em uma ocasião, a fome faria com que comêssemos nossa própria carne; em outra, lutávamos com as ondas e morríamos afogados; e, por fim, éramos capturados e feitos em pedaços pelas presas de terríveis cães de caça. Éramos picados por escorpiões, perseguidos por feras selvagens, mordidos por cobras e, finalmente, depois de quase chegar ao local desejado, após nadar em rios, encontrar bestas selvagens, dormir na floresta, passar fome e frio, éramos capturados por nossos perseguidores. E, após resistir, mortos a tiros naquele mesmo local! Essas imagens, por vezes assustadoras, nos faziam pensar: "É melhor suportar os males que temos que fugir para outros que desconhecemos"[25].

Em nossa firme determinação de escapar da escravidão, fomos ainda mais longe que Patrick Henry[26], quando este se decidiu pela liberdade ou pela morte. No nosso caso eram, no máximo, uma liberdade duvidosa e uma morte quase certa se falhássemos. Da minha parte, eu preferiria a morte a uma desesperançada escravidão.

Sandy, um dos nossos, desistiu da ideia, mas ainda assim nos encorajou. Nosso grupo consistia, então, em Henry Harris, John Harris, Henry Bailey, Charles Roberts e eu. Henry Bailey era meu tio e pertencia a meu mestre. Charles havia se casado com minha tia; pertencia ao sogro do meu mestre, o senhor William Hamilton.

O plano que finalmente concebemos foi pegar uma grande canoa pertencente ao senhor Hamilton e, na noite de sábado, antes do feriado de Páscoa, remar diretamente até a Baía de Chesapeake. Assim que chegássemos à ponta da baía, situada a uma distância de cento e trinta quilômetros de onde morávamos, pretendíamos virar a canoa, deixá-la à deriva e seguir a orientação da estrela do Norte até cruzar a fronteira de Maryland. Resolvemos tomar a rota aquática porque, desse modo, estaríamos menos sujeitos a ser vistos como fugitivos; esperávamos que nos considerassem pescadores; se fôssemos pela rota terrestre, estaríamos sujeitos a interrupções de todo tipo. Qualquer branco que quisesse poderia nos deter e fazer uma inspeção.

Na semana anterior à nossa partida, escrevi várias cartas de proteção, uma para cada um de nós. Pelo que me lembro, elas traziam o seguinte conteúdo:

---

[25] Tradução livre. No original: *rather bear those ills we had, / Than fly to others, that we knew not of*. Ato III, cena 1, versos 83-84 de *Hamlet*, de Shakespeare. (N.T.)

[26] Patrick Henry (1736-1799), proeminente figura da Revolução Americana conhecida por ter dito em um de seus discursos: "Dê-me a liberdade ou a morte". (N.T.)

Relato da vida de Frederick Douglass

*"Por meio desta, atesto que conferi ao portador, meu servo, plena
liberdade de ir a Baltimore passar o feriado de Páscoa. Esta carta foi
escrita de próprio punho, etc., 1835.*

William Hamilton,
Morador dos arredores de St. Michaels,
no condado de Talbot, Maryland".

Não íamos para Baltimore; ao subir a baía, seguiríamos nessa direção,
e as cartas de proteção serviam apenas para quando estivéssemos na baía.

À medida que chegava o momento da partida, a ansiedade tornava-se
cada vez mais intensa. Para nós, era realmente uma questão de vida ou
morte. A força da nossa determinação estava prestes a ser testada. À época,
expliquei minuciosamente cada dificuldade, sanei todas as dúvidas, dissi-
pei todos os medos e inspirei a todos a firmeza indispensável ao sucesso
do empreendimento, assegurando-lhes que metade do caminho já fora
percorrida no instante em que decidimos fugir. Havíamos conversado
bastante e estávamos prontos para agir. O momento havia chegado; se não
fugíssemos imediatamente, não fugiríamos nunca mais. E, se não pretendíamos agir, era melhor cruzar os braços e reconhecer que só servíamos
para ser escravos. E isso nenhum de nós estava preparado para admitir.
Todos permaneceram firmes; no último encontro, nos comprometemos
fervorosamente, de maneira bastante solene, a comparecer ao local na
hora marcada, para partirmos em busca da liberdade. Isso foi no meio da
semana, ao fim da qual partiríamos. Como de costume, cada um foi trabalhar em seu respectivo campo; dessa vez, porém, com a mente agitada,
cheia de pensamentos sobre o empreendimento, que, de fato, era bastante
arriscado. Tentamos ocultar nossos sentimentos tanto quanto possível; e
creio que fizemos isso muito bem.

Depois de uma penosa espera, chegou a manhã de sábado, cuja noite
testemunharia nossa partida. Eu a saudei com alegria, mesmo sabendo

que ela poderia nos trazer problemas. Varei a noite de sexta-feira sem conseguir dormir. Provavelmente me sentia mais ansioso que meus amigos por estar, segundo acordo mútuo, à frente do empreendimento. A responsabilidade do sucesso ou do fracasso pesava sobre mim. A glória de um e a confusão do outro também eram minhas. Nunca vivi algo semelhante nas primeiras duas horas daquela manhã, e espero nunca mais passar por isso. Pela manhã, como sempre, fomos para o campo. Estávamos espalhando esterco quando, de repente, senti algo indescritível e, dominado por essa sensação, virei-me para Sandy, que estava perto de mim, e disse: "Fomos traídos!". "Bem", ele disse, "imaginei que isso pudesse acontecer." Não dissemos mais nada. Nunca estive tão certo de algo em toda minha vida.

A corneta soou como de costume, deixamos o campo e fomos para casa fazer o desjejum. Fui para manter as aparências mais que pelo apetite. Ao chegar a casa, olhei para o portão da alameda e vi quatro brancos com dois homens negros. Os brancos estavam a cavalo, e os negros caminhavam atrás, como se estivessem amarrados. Eu os observei por alguns momentos, até chegarem ao portão da nossa casa. Lá eles apearam e amarraram os homens negros ao poste do portão. Eu ainda não tinha certeza do que estava ocorrendo. Pouco tempo depois, surgiu o senhor Hamilton, com uma pressa que indicava grande agitação. Ele veio até a porta e perguntou se mestre William estava. Disseram que ele estava no celeiro. O senhor Hamilton, sem apear, cavalgou até o celeiro com extraordinária rapidez. Em pouco tempo, ele e o senhor Freeland voltaram para a casa. Dessa vez, os três guardas puseram-se a cavalgar e com grande pressa apearam, amarraram os cavalos e encontraram mestre William e o senhor Hamilton, que voltavam do celeiro; depois de conversarem brevemente, todos foram até a porta da cozinha. Não havia ninguém na cozinha, exceto eu e John. Henry e Sandy estavam no celeiro. O senhor Freeland enfiou a cabeça pela porta e me chamou pelo nome dizendo que havia alguns senhores que gostariam de falar comigo. Fui até a porta e perguntei o que desejavam.

Relato da vida de Frederick Douglass

Eles imediatamente me agarraram e, sem dar nenhuma satisfação, me amarraram, atando minhas duas mãos. Insisti em saber qual era o problema. Eles finalmente disseram que eu estava "encrencado" e seria examinado diante de meu mestre; mas, caso as informações que haviam recebido se provassem falsas, eu não seria molestado.

Pouco tempo depois, amarraram John. Eles, então, viraram-se para Henry, que a essa altura havia retornado, e ordenaram que cruzasse as mãos. "Não vou fazer isso!", disse Henry, em tom firme, indicando sua prontidão em enfrentar as consequências de sua recusa. "Não vai?", perguntou Tom Graham, o guarda. "Não, não vou!", disse Henry, levantando ainda mais a voz. Com isso, dois dos guardas sacaram suas pistolas reluzentes e juraram pelo Criador que se ele não cruzasse as mãos eles o matariam. Cada um engatilhou sua pistola e, com os dedos no gatilho, foram até Henry dizendo, ao mesmo tempo, que, se ele não cruzasse as mãos, explodiriam seu maldito coração. "Atirem, atirem!", disse Henry. "Só podem me matar uma vez. Atirem, atirem! Malditos sejam! Não vão me amarrar!" Ele gritou essas palavras em tom desafiador; mas, de repente, rápido como um raio, arrancou as pistolas das mãos de cada um dos guardas. Quando fez isso, todos caíram sobre ele e, após espancá-lo por algum tempo, finalmente o dominaram e conseguiram amarrá-lo.

Durante a luta, consegui, não sei como, me livrar da carta de proteção e sem ser notado lancei-a ao fogo. Por fim, justamente quando íamos partir para a prisão de Easton, Betsy Freeland, mãe de William Freeland, veio até a porta com as mãos cheias de biscoitos e os dividiu entre Henry e John. Ela então dirigiu-se a mim e fez o seguinte discurso: "Seu demônio! Seu demônio covarde! Foi você quem pôs essa ideia de fuga na cabeça de Henry e John. Se não fosse você, seu demônio mulato de pernas longas, Henry e John nunca teriam pensado em uma coisa dessas!". Não respondi e fui imediatamente levado para St. Michaels. Pouco antes da luta com Henry, o senhor Hamilton havia sugerido a ideia de procurar as cartas de proteção que, pelo que ele entendera, Frederick redigira para si

FREDERICK DOUGLASS

mesmo e para os demais. Contudo, quando estava prestes a colocar essa proposta em prática, precisou ajudar a amarrar Henry; e a agitação que se seguiu à luta fez com que todos esquecessem a questão ou a considerassem arriscada, dadas as circunstâncias. Portanto, ainda não tínhamos sido condenados pela intenção de fuga.

Na metade do caminho para St. Michaels, quando os guardas que nos vigiavam olharam para a frente, Henry me perguntou o que deveria fazer com seu passe. Eu lhe disse para comê-lo com seu biscoito e esvaziar os bolsos; e passamos a informação adiante: "Esvaziem os bolsos!". A confiança que tínhamos uns nos outros era inabalável. Estávamos decididos a conseguir ou falhar juntos, mesmo com a calamidade que se abatera sobre nós. Estávamos preparados para qualquer coisa. Caminhamos por vinte e quatro quilômetros atrás dos cavalos, para então sermos colocados na prisão de Easton. Quando chegamos a St. Michaels, passamos por uma espécie de inspeção. Negamos toda e qualquer intenção de fuga. Fizemos isso mais para obrigá-los a divulgar as provas contra nós que por esperança de escapar de sermos vendidos; pois, como eu disse, estávamos prontos para isso. O fato é que pouco importava para onde íamos, se fôssemos juntos. Nossa maior preocupação era com a separação. Temíamos isso mais que qualquer outra coisa, mais que a morte. Descobrimos que a evidência contra nós se baseava no testemunho de uma só pessoa; nosso mestre não quis dizer quem era, mas chegamos a uma decisão unânime quanto à identidade do informante. Fomos enviados para a prisão em Easton. Quando chegamos, nos entregaram ao xerife, o senhor Joseph Graham, que nos colocou atrás das grades. Henry, John e eu ficamos em uma cela juntos; Charles e Henry Bailey, em outra. Resolveram nos separar para evitar um conluio.

Estávamos presos fazia apenas vinte minutos quando uma horda de mercadores de escravos e agentes aglomerou-se na prisão para nos observar e verificar se estávamos à venda. Criaturas como aquelas eu nunca vi! Senti-me cercado por demônios saídos diretamente do inferno. Um bando

RELATO DA VIDA DE FREDERICK DOUGLASS

de piratas não seria tão parecido com seu pai, o diabo. Eles gargalharam e riram de nós dizendo: "Ah, rapazes! Pegaram vocês de jeito, não é mesmo?". E depois de muitas e variadas provocações entraram na cela, um por um, para verificar nosso valor. Perguntaram descaradamente se não gostaríamos de tê-los como mestres. Não respondemos; deixamos que descobrissem a resposta sozinhos. Então passaram a nos xingar e a amaldiçoar dizendo que conseguiriam tirar o diabo do nosso corpo em muito pouco tempo se caíssemos em suas mãos.

Na prisão, encontramos alojamentos muito mais confortáveis do que imaginamos. Não havia muito o que comer, e o que havia não era nada saboroso; mas tínhamos uma cela limpa, e das janelas podíamos ver o que acontecia na rua, o que era muito melhor do que se houvessem nos colocado em uma daquelas celas escuras e úmidas. No geral, ficamos muito bem instalados. Imediatamente depois do feriado, contrariando nossas expectativas, o senhor Hamilton e o senhor Freeland foram até Easton e tiraram Charles, John e os dois Henry da prisão, deixando-me lá sozinho. Considerei essa separação como definitiva. Isso me causou mais sofrimento que qualquer outra coisa. Eu estava pronto para tudo, menos para a separação. Suponho que tenham deliberado juntos e decidido que, como eu fora o culpado em convencer os outros a fugir, não era bom que os inocentes sofressem com o culpado. De maneira que resolveram levá-los para casa e me vender como um alerta aos que ficaram. Quanto ao nobre Henry, ouso dizer que parecia quase tão relutante em deixar a prisão quanto em vir para ela. Mas sabíamos que muito provavelmente seríamos separados se fôssemos vendidos; e, já que estava nas mãos deles, ele concluiu que era melhor ir pacificamente para casa.

Deixaram-me, então, entregue ao meu destino. Fiquei completamente sozinho, confinado às paredes de uma prisão de pedra. No entanto, poucos dias antes, eu tinha tantas esperanças. Imaginava que logo estaria seguro, em uma terra de liberdade; mas agora me via envolto em escuridão, mergulhado no mais profundo desespero. Achei que não havia mais

FREDERICK DOUGLASS

possibilidade de ser livre. Fui mantido desse modo por cerca de uma semana, no fim da qual o capitão Auld, meu mestre, para minha surpresa e total espanto, veio e me tirou da prisão, declarando sua intenção de me enviar para o Alabama com um cavalheiro conhecido seu. Entretanto, por algum motivo, ele não me mandou para o Alabama, e sim de volta a Baltimore, para morar outra vez com seu irmão Hugh e aprender um ofício.

Assim, depois de uma ausência de três anos e um mês, me foi permitido, mais uma vez, voltar à minha antiga casa em Baltimore. Meu mestre resolveu me mandar embora porque havia, na comunidade, um preconceito muito grande contra mim e ele temia que eu fosse morto.

Poucas semanas depois de minha chegada a Baltimore, mestre Hugh me alugou ao senhor William Gardner, grande construtor de navios de Fell's Point. Fui colocado lá para aprender a calafetar[27]. No entanto, aquele provou-se um local muito desfavorável para realizar esse objetivo. Naquela primavera, o senhor Gardner estava empenhado em construir dois grandes brigues de guerra, supostamente destinados ao governo do México. As embarcações seriam lançadas em julho daquele ano, e se houvesse alguma falha o senhor Gardner perderia uma soma considerável; de maneira que, quando cheguei, todos estavam com pressa. Não havia tempo de aprender nada. Cada homem tinha de fazer o que sabia. Quando cheguei ao estaleiro, o senhor Gardner ordenou que eu fizesse tudo que os carpinteiros mandassem fazer. Com isso, me colocou à disposição de cerca de setenta e cinco homens. Eu deveria considerar a todos como meus mestres. A palavra deles era lei. Minha situação era bastante penosa. Às vezes eu precisava de dezenas de pares de mãos. Era chamado uma dúzia de vezes no espaço de um minuto. Três ou quatro vozes gritavam no meu ouvido ao mesmo tempo: "Fred, venha me ajudar a tombar esta viga aqui", "Fred, ponha esta viga ali", "Fred, pegue aquela

---

[27] Operação que consiste em introduzir a cada duas tábuas do casco de uma embarcação uma estopa embebida em alcatrão, de maneira que se evite a entrada de água pelas frestas. (N.T.)

RELATO DA VIDA DE FREDERICK DOUGLASS

roldana", "Fred, vá buscar uma lata de água fresca", "Fred, venha me ajudar a serrar a ponta desta viga", "Fred, rápido, pegue o pé de cabra", "Fred, segure firme esse tirador de talha", "Fred, vá até a ferraria e traga um novo perfurador", "Hurra, Fred! Depressa, traga-me um cinzel frio", "Vamos, Fred, dê-me uma mão aqui e acenda o fogo embaixo daquela caixa de vapor", "Ei, crioulo! Venha aqui e vire este rebolo", "Venha aqui, venha aqui! Mexa-se, mexa-se! E ice essa viga para lá", "Ora, escurinho, mas que diabos, por que não esquentou o piche?", "Ei! Ei! Ei!" (três vozes ao mesmo tempo), "Venha aqui! Vá ali! Fique onde está! Maldito seja, se se mexer vou arrebentar sua cabeça".

Essa foi minha escola por oito meses, e eu teria permanecido lá por mais tempo não fosse a horrível briga que tive com quatro aprendizes brancos, na qual fiquei terrivelmente ferido e com o olho esquerdo quase vazado. O que aconteceu foi: quando comecei a trabalhar lá, carpinteiros brancos e negros trabalhavam lado a lado, e ninguém parecia ver nenhuma improbidade nisso. Todos os trabalhadores pareciam bastante satisfeitos. Muitos carpinteiros negros eram homens livres. As coisas pareciam estar indo muito bem. De repente, os carpinteiros brancos largaram o serviço e disseram que não iriam mais trabalhar com negros libertos. Alegaram que, se os carpinteiros negros libertos fossem encorajados, logo dominariam o negócio, e os pobres brancos seriam despedidos. Portanto, sentiram a necessidade imediata de pôr um fim naquilo. E, aproveitando a urgência do senhor Gardner, interromperam o serviço, jurando que não trabalhariam mais, a menos que ele dispensasse os carpinteiros negros. Embora isso não se estendesse a mim na teoria, me atingiu na prática. Meus colegas aprendizes logo começaram a achar degradante trabalhar comigo. Assumiram ares de importância e passaram a falar sobre como os "crioulos" estavam tomando o país, a dizer que todos nós deveríamos morrer; e, encorajados pelos artífices, resolveram tornar minha vida o mais difícil possível, me intimidando o tempo todo e, às vezes, até me batendo. Eu, é claro, mantive

FREDERICK DOUGLASS

o juramento que fiz após a luta com o senhor Covey e respondi na mesma moeda, independentemente das consequências. E, enquanto não atacaram juntos, eu me saí muito bem, pois poderia açoitar todos eles se viessem separadamente. Eles, no entanto, se uniram e me atacaram armados com paus, pedras e pesadas alavancas. Um veio pela frente, com um tijolo na mão. Havia outro à minha esquerda, à direita e mais um atrás de mim. Enquanto eu cuidava do da frente e dos dois que me cercavam, o que estava atrás de mim avançou com a alavanca e me deu um forte golpe na cabeça. Aquilo me deixou atordoado. Caí, e com isso todos vieram para cima de mim e começaram a me chutar. Eu os deixei bater por um tempo, enquanto reunia forças. De repente, reagi e fiz menção de me levantar, tentando me apoiar nas mãos e nos joelhos. Assim que o fiz, um deles me deu, com sua pesada bota, um violento chute no olho esquerdo. Meu globo ocular parecia ter explodido. Quando viram meu olho fechado e bastante inchado, viraram as costas para ir embora. Então agarrei a alavanca e, por um tempo, os persegui. Mas então o carpinteiros interferiram e achei melhor desistir. Era impossível resistir a tantos. Tudo isso ocorreu diante de pelo menos cinquenta carpinteiros brancos, e nenhum deles interveio com uma palavra amiga a meu favor. Alguns, porém, gritaram: "Matem o maldito crioulo! Matem ele! Matem ele! Ele bateu em um branco".

Vi que só teria chance de sobreviver se fugisse. Consegui fugir sem apanhar mais, e foi por pouco, pois atacar um homem branco é punível com a morte, segundo a lei de Lynch[28] – e essa era a lei no estaleiro do senhor Gardner, assim como em qualquer outro lugar daquela região.

Fui direto para casa e contei a mestre Hugh a injustiça que sofrera; e alegro-me em dizer que ele, apesar de ser um homem profano, teve conduta

---

[28] A palavra "linchar" teve origem nas ações do capitão e fazendeiro americano William Lynch (1742-1820), morador do Estado da Virgínia, que criou um tribunal privado, mediante um sinistro pacto com os vizinhos. Por meio de um processo sumário, este tinha o poder de julgar, condenar e matar os que praticassem crimes naquele espaço. Essa prática ficou conhecida como lei de Lynch. (N.T.)

RELATO DA VIDA DE FREDERICK DOUGLASS

celestial em comparação à de seu irmão Thomas em ocasiões semelhantes. Ele ouviu atentamente meu relato das circunstâncias que levaram à violenta afronta e deu muitas provas de sua profunda indignação com o ocorrido. O coração da minha outrora amável patroa estava de novo sensibilizado e cheio de pena. O olho inchado e meu rosto coberto de sangue a comoveram até as lágrimas. Ela sentou-se em uma cadeira a meu lado, lavou o sangue do meu rosto e, com ternura materna, colocou ataduras na minha cabeça, cobrindo o olho ferido com um pedaço fino de carne fresca. Testemunhar, mais uma vez, a manifestação de bondade da minha outrora afetuosa patroa quase compensou meu sofrimento. Mestre Hugh ficou bastante irado. Expressou seus sentimentos derramando maldições sobre a cabeça daqueles que haviam cometido o ato. Assim que melhorei um pouco dos ferimentos, ele me levou consigo até o escritório do advogado Watson, na Bond Street, para ver o que poderia ser feito quanto à questão. O senhor Watson perguntou quem tinha presenciado o ataque cometido. Mestre Hugh respondeu que o fato ocorrera no estaleiro do senhor Gardner, ao meio-dia, onde havia um grande grupo de homens trabalhando. "Então", ele disse, "não houve dúvida sobre quem cometeu o ato." Ele respondeu que não poderia fazer nada nesse caso, a menos que algum branco testemunhasse. Não havia como emitir um mandado com base apenas na minha palavra. Se eu tivesse sido morto na presença de mil negros, o testemunho de todos eles não seria o bastante para prender um dos assassinos. Mestre Hugh, dessa vez, disse que a situação não era nada boa. Afinal, era impossível fazer com que um branco se oferecesse para testemunhar a meu favor e contra os jovens brancos. Mesmo aqueles que podem ter simpatizado comigo não estavam preparados para fazer isso. Essa atitude exigia um grau de coragem desconhecido por eles, pois naquele momento a menor manifestação de humanidade com um negro era condenada como abolicionismo, e quem fosse tido como abolicionista estava sujeito a desagradáveis consequências. O lema dos carniceiros daquela região, naquele momento, eram: "Malditos abolicionistas!" e

FREDERICK DOUGLASS

"Malditos crioulos!". Nada foi feito, e provavelmente nada teria sido feito se eu tivesse sido morto. As coisas eram assim, e continuam sendo assim na cidade cristã de Baltimore.

Mestre Hugh, percebendo que não conseguiria nenhuma reparação, recusou-se a permitir que eu voltasse a trabalhar para o senhor Gardner. Ele me deixou ficar em casa, e sua esposa cuidou do meu ferimento até que minha saúde fosse restaurada. Ele, então, me levou até o estaleiro do senhor Walter Price, onde era contramestre. Lá, fui imediatamente posto a calafetar e logo aprendi a arte de usar o malho e os ferros. Um ano depois de deixar o estaleiro do senhor Gardner, eu já recebia o salário mais alto, pago aos mais experientes calafetadores. Agora eu era de alguma importância para meu mestre. Eu trazia a ele de seis a sete dólares por semana. Por vezes, chegava a lhe trazer nove dólares por semana: meu salário era de um dólar e meio por dia. Depois de aprender a calafetar, fui procurar outro emprego, fazia meus próprios contratos e recolhia o dinheiro que ganhava. Minha vida tornou-se mais tranquila que antes, e minha situação, muito mais confortável. Quando não havia calafetagem a fazer, eu não fazia nada. Durante essas horas vagas, aquele velho ideal de liberdade me invadia novamente. Quando trabalhava no estaleiro do senhor Gardner, vivia em perpétuo estado de agitação, de maneira que não conseguia pensar em mais nada além de salvar a própria vida, e pensando na vida quase esqueci da minha liberdade. Eu havia observado o seguinte na minha experiência de escravidão: quando minha situação melhorava, meu desejo de ser livre aumentava e me fazia conceber planos de conquistar a liberdade. Descobri que, para deixar um escravo satisfeito, é necessário torná-lo insensível. É necessário obscurecer sua visão moral e mental e, na medida do possível, aniquilar seu poder de raciocínio. Não pode ser capaz de detectar as inconsistências da escravidão; deve ser convencido a acreditar que a escravidão está certa; e isso só acontece quando ele deixa de ser homem.

RELATO DA VIDA DE FREDERICK DOUGLASS

Estava recebendo, como mencionei antes, um dólar e cinquenta centavos por dia. Fora contratado para isso; merecia ganhar aquele dinheiro, que fora pago a mim e era meu por direito; ainda assim, todo sábado à noite eu era obrigado a entregar cada centavo do meu salário ao mestre Hugh. E por quê? Não porque ele o merecesse, não porque estivesse em posição de ganhá-lo, não porque eu lhe devesse isso ou ele tivesse alguma sombra de direito sobre aquele dinheiro, mas simplesmente porque ele tinha o poder de me obrigar a ceder. Era exatamente o mesmo direito que tinham os piratas de rostos sombrios em saquear navios em alto-mar.

Capítulo 11

Cheguei agora àquela parte da minha vida na qual planejei e finalmente consegui efetuar minha fuga da escravidão. Todavia, antes de narrar qualquer uma dessas peculiares circunstâncias, julgo necessário tornar pública minha intenção de não declarar todos os fatos relacionados à operação. Minhas razões em agir desse modo podem ser compreendidas pelo seguinte fato: em primeiro lugar, se eu fornecer um minucioso relato de todos os fatos, é possível e bastante provável que outros se vejam envolvidos nas mais embaraçosas dificuldades. Em segundo lugar, tal declaração, indubitavelmente, faria com que houvesse maior vigilância dos mestres com os escravos, mais que antes; e isso seria, é claro, como fechar a porta pela qual um querido irmão escravo pode escapar dos insuportáveis grilhões. Lamento profundamente a necessidade que me leva a suprimir tudo de importante relacionado à minha experiência na escravidão. Seria, de fato, um grande prazer para mim, e agregaria valor à minha narrativa, se pudesse dar uma declaração exata de todos os fatos relativos à venturosa fuga, além de ter a liberdade de satisfazer à curiosidade que sei existir na mente de muitos leitores. Mas devo privar o curioso e a mim da satisfação que

Relato da vida de Frederick Douglass

tal declaração proporcionaria. Prefiro sofrer o pior martírio nas mãos de mentes malignas a fornecer explicações e, assim, correr o risco de fechar o menor dos caminhos pelo qual um irmão escravo poderia se livrar das correntes da escravidão.

Nunca aprovei a maneira escancarada como alguns amigos nossos do Oeste conduzem o que chamam de "caminhos clandestinos para a liberdade"[29], os quais, creio, por suas sinceras declarações, poderiam ser chamados mais enfaticamente de "caminhos visíveis para a liberdade". Saúdo esses bons homens e essas boas mulheres por sua nobre ousadia e os aplaudo por sujeitarem-se, de modo voluntário, a uma sangrenta perseguição, ao confessarem abertamente sua participação na fuga de escravos. No entanto, vejo pouquíssimo resultado positivo em tais abordagens, tanto para eles mesmos como para os escravos fugitivos; enquanto, por outro lado, não há dúvida de que essas declarações escancaradas são positivamente nocivas para os escravos que ficaram e ainda tentam escapar. Tais revelações nada fazem para esclarecer o escravo, embora esclareçam bastante o mestre. Elas o incitam a ter maior vigilância e aumentam seu poder de captura. Devemos algo ao escravo ao Sul da linha Mason e Dixon, assim como àqueles ao Norte dela; e, ao ajudar estes em seu caminho para a liberdade, devemos ter cuidado para não fazer nada que impeça o primeiro de escapar da escravidão. Eu manteria o impiedoso senhor de escravos no escuro quanto aos meios de fuga adotados pelo escravo. É melhor que ele se imagine cercado de uma miríade de algozes invisíveis, sempre prontos a arrebatar do seu domínio infernal a trêmula presa. Que tateie seu caminho no escuro; que uma escuridão proporcional a seu crime se abata sobre ele; e que ele sinta, a cada passo em busca do servo fugitivo, o terrível receio de ter a cabeça partida por um agente invisível. Não daremos nenhuma

---

[29] No original, *underground railroads*, rede de rotas clandestinas criadas nos Estados Unidos durante o século XVIII usada na fuga de escravos africanos para os Estados do Norte, para o Canadá ou até mesmo para o México, lugares onde não havia escravidão. (N.T.)

FREDERICK DOUGLASS

assistência ao tirano; não entregaremos a luz com a qual possa rastrear as pegadas de nosso irmão fugitivo. Mas basta disso. Continuarei agora a declarar os fatos relacionados à minha fuga, pelos quais sou o único responsável e ninguém mais deve sofrer.

No início do ano de 1838, senti uma grande agitação crescer dentro de mim. Não via razão para, no fim de cada semana, despejar o fruto do meu trabalho na bolsa do meu mestre. Quando eu lhe trazia o salário semanal, ele costumava me fitar com uma ferocidade de ladrão, depois de contar o dinheiro e perguntar: "Isso é tudo?". Ele queria embolsar até o último centavo. Às vezes, no entanto, quando eu ganhava seis dólares, ele me dava seis centavos como incentivo. Mas isso tinha o efeito oposto. Eu considerava essa atitude uma espécie de admissão do meu direito ao todo. O fato de ele me entregar parte do salário era a prova, na minha opinião, de que acreditava que eu tinha direito a recebê-lo integralmente. Sempre me sentia pior quando recebia algo; pois temia que me dar alguns centavos iria aliviar sua consciência e fazê-lo se sentir um tipo mais honrado de ladrão. Meu descontentamento aumentou. Eu estava sempre alerta, procurando meios de fuga; e, não encontrando nenhum direto, decidi tentar trabalhar também no meu tempo livre, com o objetivo de conseguir dinheiro para a fuga. Na primavera de 1838, quando mestre Thomas foi para Baltimore efetuar suas compras de primavera, aproveitei essa oportunidade e solicitei que ele me permitisse encontrar trabalho no tempo livre. Ele recusou meu pedido sem hesitar e disse que isso era outro subterfúgio para fugir. Afirmou que eu não conseguiria ir a lugar nenhum em que não pudesse me alcançar; e, que se eu realmente fugisse, ele não pouparia esforços para me capturar. Exortou-me a ficar satisfeito com o que tinha e a ser obediente. Afirmou que, se eu quisesse ser feliz, não deveria fazer planos. Disse que, se me comportasse bem, ele cuidaria de mim. Na realidade, ele me aconselhou a desconsiderar por completo qualquer perspectiva futura e me orientou a depender exclusivamente dele para conquistar a felicidade.

RELATO DA VIDA DE FREDERICK DOUGLASS

Ele parecia ver com clareza a urgente necessidade de que eu abandonasse minha natureza intelectual para obter satisfação com a escravidão. Mas, apesar dele e de mim mesmo, continuei pensando constantemente na injustiça da escravidão e em formas de escapar.

Cerca de dois meses depois, solicitei ao mestre Hugh o privilégio de arrumar emprego no meu tempo livre. Ele não sabia que eu solicitara o mesmo ao mestre Thomas e que este havia recusado. A princípio, pareceu disposto também a recusar. Depois de alguma reflexão, assentiu e propôs os seguintes termos: eu teria permissão de utilizar meu tempo para negociar contratos com aqueles para quem trabalhara e arranjar meus próprios serviços; em troca dessa liberdade, deveria entregar a ele três dólares ao fim de cada semana, além de pagar pela pensão, pelas roupas e pelas ferramentas de calafetagem. Minha pensão custava dois dólares e meio por semana. Isso, com o gasto das roupas e ferramentas de calafetagem, fazia com que minhas despesas regulares chegassem a seis dólares por semana. Eu era obrigado a arrecadar essa quantia; caso contrário, teria de abrir mão do privilégio de empregar meu tempo como quisesse. Com chuva ou sol, houvesse trabalho ou não, ao fim de cada semana precisava entregar o dinheiro ou desistir do meu privilégio. Esse arranjo, como se pode perceber, estava decididamente a favor do meu mestre. Isso o desobrigava da necessidade de cuidar de mim. Seu dinheiro estava garantido. Ele recebia todos os benefícios de um senhor de escravos, sem os males, enquanto eu suportava todos os males de um escravo e sofria todas as preocupações e angústias de um homem livre. Julguei um acordo penoso. Contudo, por mais difícil que fosse, achei que era melhor que antes. Era um passo em direção à liberdade poder suportar as responsabilidades de um homem livre, e eu estava determinado a mantê-las. Entreguei-me à tarefa de ganhar dinheiro. Estava disposto a trabalhar dia e noite, e, com a mais incansável perseverança e diligência, ganhei o bastante para cobrir minhas despesas e ainda assim juntar um pouco de dinheiro toda semana.

FREDERICK DOUGLASS

Trabalhei desse modo de maio a agosto. Mestre Hugh, então, recusou-se a permitir que eu continuasse empregando meu tempo da maneira que eu desejasse. O motivo de sua recusa foi minha falta em lhe pagar pelo trabalho da semana em um sábado à noite. Essa falta ocorreu por causa de um retiro religioso a que compareci, situado a cerca de dezesseis quilômetros de Baltimore. Durante a semana, eu havia combinado com um grupo de amigos que partiríamos para o retiro no início da noite de sábado; e, como fiquei detido no trabalho até mais tarde, não conseguiria encontrar mestre Hugh sem decepcionar meus companheiros. Sabia que mestre Hugh não tinha nenhuma necessidade especial de receber o dinheiro naquela noite. Resolvi, portanto, ir para o retiro religioso e lhe pagar os três dólares quando voltasse. Permaneci no retiro um dia a mais do que pretendia. Mas assim que voltei fui pagar o que ele considerava seu por direito. Encontrei-o muito zangado, mal conseguia conter a ira. Ele disse que estava com muita vontade de me surrar violentamente. Quis saber como me atrevi a sair da cidade sem lhe pedir permissão. Respondi que estava empregando meu tempo como julgava necessário e, enquanto pagasse o preço que ele pedira, não sabia que era obrigado a lhe dizer aonde estava indo e quando. Essa resposta o perturbou; após refletir por alguns instantes, ele se virou e disse que eu não empregaria mais livremente meu tempo, pois quando ele menos esperasse eu fugiria. Com o mesmo argumento, mandou que eu trouxesse imediatamente minhas ferramentas e roupas para casa. Obedeci, mas em vez de procurar trabalho, como estava acostumado a fazer antes de empregar meu tempo, passei a semana inteira sem efetuar um único serviço. Fiz isso como retaliação. Na noite de sábado, ele me chamou, como de costume, para receber o salário da semana. Eu lhe disse que não tinha nenhum salário, pois não havia trabalhado naquela semana. Nesse momento, chegamos muito perto de entrar em conflito. Ele ficou furioso e jurou que estava determinado a me dar uma surra. Eu não disse uma única palavra, mas havia decidido

RELATO DA VIDA DE FREDERICK DOUGLASS

que, se ele encostasse a mão em mim, seria olho por olho, dente por dente. Por fim, ele não me bateu, mas disse que, no futuro, queria me ver trabalhando constantemente. Ponderei sobre a questão no dia seguinte, domingo, e por fim resolvi que no dia 3 de setembro faria uma segunda tentativa de conquistar minha liberdade. Agora tinha três semanas para preparar minha jornada. Segunda-feira de manhã, antes que mestre Hugh tivesse tempo de arrumar qualquer compromisso para mim, saí e consegui emprego no estaleiro do senhor Butler, perto da ponte levadiça, no que chamam de quadra da cidade, tornando desnecessário, portanto, que ele arranjasse um serviço para mim. No fim da semana, entreguei-lhe entre oito e nove dólares. Ele pareceu extremamente satisfeito e perguntou por que eu não havia feito o mesmo na semana anterior. Não fazia ideia dos meus planos. Meu objetivo ao trabalhar regularmente era dissipar qualquer suspeita que ele pudesse ter sobre minha intenção de fuga; e nisso triunfei admiravelmente. Suponho que ele tenha pensado que nunca fui mais feliz com minha condição que no período em que planejava minha fuga. Chegou a segunda semana, e de novo entreguei a ele todo o meu salário. Ele ficou tão satisfeito que me deu vinte e cinco centavos (uma grande soma para um senhor de escravos dar a um escravo), ordenando que fizesse bom uso do dinheiro. Eu lhe garanti que faria.

De fato, tudo correu muito tranquilamente, mas ainda havia problemas a resolver. É impossível descrever meus sentimentos à medida que se aproximava o momento da partida. Eu tinha bons amigos em Baltimore – amigos que amava quase como minha própria vida –, e a ideia de me separar deles para sempre era penosa, mais do que eu conseguia exprimir. Creio que milhares de escravos já teriam fugido não fossem os fortes laços de afeição que os unem aos amigos. A ideia de deixar meus amigos foi, sem dúvida, o pensamento mais doloroso com que tive de lutar. O amor por eles era meu ponto fraco, e isso, mais que todas as outras coisas, abalou meu poder de decisão. Além da dor da separação, o medo e

FREDERICK DOUGLASS

a apreensão de falhar excederam tudo que eu sentira na minha primeira tentativa. A terrível derrota sofrida voltou a me atormentar. Estava certo de que, se falhasse nessa tentativa, minha situação seria um caso perdido e meu destino como escravo estaria selado para sempre. Não podia esperar me safar com nada menos que a mais severa punição e o confinamento em um lugar sem possibilidades de fuga. Não era necessário ser muito imaginativo para saber as terríveis tribulações que me esperavam caso falhasse. A miséria da escravidão e a bem-aventurança da liberdade estavam perpetuamente diante de mim. Era uma questão de vida ou morte. Mas permaneci firme e, de acordo com minha resolução, no terceiro dia de setembro, em 1838, quebrei minhas correntes e consegui chegar a Nova Iorque sem uma única interrupção. Como fiz isso, quais meios adotei, em que direção viajei e que transporte utilizei, isso não posso dizer, pelas razões que mencionei antes.

Frequentemente me perguntam o que senti ao me ver em um Estado livre. Nunca fui capaz de responder à questão de maneira satisfatória. Foi o momento mais emocionante que já vivi. Creio que me senti como um marinheiro desarmado salvo de piratas por um oportuno navio de guerra. Ao escrever a um querido amigo, imediatamente após minha chegada a Nova Iorque, eu disse que me sentia como alguém que escapara da cova de leões famintos. Mas esse estado mental logo mudou; e me vi tomado mais uma vez por grande insegurança e solidão. Ainda era bastante provável que eu fosse recapturado e submetido às torturas da escravidão. Isso, por si só, foi o bastante para abafar o ardor do meu entusiasmo. E aquela solidão me dominou. Lá estava eu, no meio de milhares de pessoas, e ainda assim um perfeito estranho; sem casa nem amigos, no meio de tantos irmãos – crianças de um mesmo pai, às quais eu não ousava expor minha triste condição. Eu temia falar com alguém por medo de me aproximar da pessoa errada, que me fizesse cair nas mãos de mercenários que faziam tudo por dinheiro, sequestradores cujo negócio era ficar à espera do fugitivo ofegante, como os animais ferozes da floresta fazem com a presa. O lema

110

RELATO DA VIDA DE FREDERICK DOUGLASS

que adotei quando escapei da escravidão foi: "Não confie em ninguém!".
Eu via em cada branco um inimigo e em quase todos os negros um motivo
de suspeita. Foi uma situação muito dolorosa. Para entendê-la, é preciso
vivenciá-la ou se imaginar em circunstâncias similares. Ser um escravo
fugido em uma terra estranha, utilizada por senhores de escravos como
campo de caça, cujos habitantes são sequestradores legalizados; onde, a
cada momento, está sujeito à terrível possibilidade de ser agarrado por
seus semelhantes, da mesma forma que o horrendo crocodilo se apode-
ra de sua vítima! É preciso se colocar na minha situação – sem casa ou
amigos, dinheiro ou crédito, necessitando de abrigo e sem ninguém para
oferecê-lo, querendo pão e não ter como comprá-lo – e, ao mesmo tempo,
saber que é perseguido por implacáveis caçadores de homens, mesmo
estando completamente confuso quanto ao que fazer, aonde ir ou onde
ficar. Admitir que está perfeitamente indefeso e não conhece os meios de
defesa e fuga; que vive entre a fartura, embora ainda sofra as terríveis dores
da fome. É preciso caminhar em meio a casas, embora ainda não tenha
uma; em meio a outros homens, embora a sensação seja a de estar entre
bestas selvagens, cuja avidez em engolir o fugitivo trêmulo e meio morto
de fome só se iguala à avidez com que os monstros marinhos engolem
os desamparados peixes dos quais se alimentam. Digo que é preciso se
colocar na penosa situação em que eu me encontrava; então, e não antes
disso, alguém poderá compreender plenamente as dificuldades que passei
e saber como se compadecer daquele escravo fugitivo exausto, cheio de
cicatrizes da chibata.

Graças a Deus, permaneci nessa situação angustiante por pouco tempo.
Socorreu-me a mão humana do senhor David Ruggles[30], cuja vigilância,
gentileza e determinação jamais esquecerei. Estou feliz pela oportunidade

---

[30] David Ruggles (1810-1849) foi um jornalista e abolicionista afro-americano residente em Nova
Iorque que ajudou escravos fugitivos a chegar a Estados livres por meio dos chamados *underground
railroads*. Por seu intermédio, mais de seiscentos escravos fugitivos conseguiram a liberdade, inclusive Frederick Douglass. (N.T.)

de expressar em palavras, na medida do possível, o amor e a gratidão que sinto por ele. O senhor Ruggles agora sofre de cegueira e necessita da mesma bondosa ajuda que outrora forneceu tão prontamente a outros. Eu estava em Nova Iorque havia poucos dias quando o senhor Ruggles me procurou e, muito amavelmente, me levou para sua pensão na esquina da Church com a Lispenard Street. O senhor Ruggles estava, na época, profundamente envolvido com o memorável caso Darg[31] e ajudava vários outros escravos fugitivos, inventando formas e meios de fuga bem-sucedidos. Embora observado e cercado por quase todos os lados, parecia ser mais que páreo para os inimigos.

Pouco depois de chegar à pensão do senhor Ruggles, ele quis saber para onde eu desejava ir, pois achava que não era seguro permanecer em Nova Iorque. Eu lhe disse que era calafetador e gostaria de ir a um lugar onde pudesse conseguir trabalho. Pensei em ir para o Canadá, mas ele foi contra e achou melhor que eu fosse para New Bedford, pois lá conseguiria trabalho na minha área de atuação. Nesse meio-tempo, Anna[32], minha futura esposa, chegou, pois eu escrevera a ela imediatamente após chegar a Nova Iorque (apesar de minha desamparada condição, sem abrigo ou moradia), informando-lhe de minha fuga bem-sucedida e pedindo que ela viesseno mesmo instante. Poucos dias após sua chegada, o senhor Ruggles chamou o reverendo J. W. C. Pennington[33], que, na presença do senhor Ruggles, da senhora Michaels e de mais duas ou três pessoas, realizou a

---

[31] Em 1838, um escravo chamado Thomas Hughes fugiu de seu mestre, John P. Darg, e foi a Nova Iorque procurar o abolicionista Isaac T. Hopper, em busca de abrigo. Mas Hughes havia roubado oito mil dólares do mestre, antes de escapar. Quando Hopper descobriu esse fato, consultou os colegas abolicionistas Barney Corse e David Ruggles. Eles resolveram que o certo seria devolver o dinheiro a Darg, mas não queriam que Hughes voltasse à escravidão, então propuseram um acordo: devolver o dinheiro se Darg se comprometesse a alforriar Hughes. O acordo foi selado, e Hughes, após cumprir dois anos na prisão por roubo, foi libertado e pôde viver em liberdade. (N.T.)

[32] Ela já era liberta. (N.A.)

[33] James William Charles Pennington (1807-1870) foi um ex-escravo, religioso, abolicionista e autor de *The Origin and History of the Colored People* e da autobiografia *The Fugitive Blacksmith*. Também foi o primeiro afrodescendente a estudar na Universidade de Yale. (N.T.)

Relato da vida de Frederick Douglass

cerimônia de casamento e nos deu um certificado, do qual reproduzo as exatas palavras:

> *"Este papel atesta que uni em sagrado matrimônio Frederick Johnson34 e Anna Murray como marido e mulher, na presença do senhor David Ruggles e da senhora Michaels.*
>
>

James W. C. Pennington
Nova Iorque, 15 de setembro de 1838".
>

Assim que recebemos esse certificado e uma nota de cinco dólares do senhor Ruggles, coloquei nos ombros parte da nossa bagagem, Anna pegou a outra, e partimos para embarcar imediatamente no barco a vapor *John W. Richmond* com destino a Newport e a caminho de New Bedford. O senhor Ruggles me deu uma carta endereçada a um certo senhor Shaw, de Newport, e me orientou que ficasse nessa cidade e pedisse ajuda caso o dinheiro não bastasse para nos levar até New Bedford. No entanto, quando aportamos em Newport, estávamos tão ansiosos para chegar em segurança que, apesar de não ter o dinheiro necessário para seguir viagem, decidimos pegar uma diligência e prometemos pagar quando chegássemos a New Bedford. Fomos encorajados a fazer isso por dois excelentes cavalheiros de New Bedford, cujos nomes, como posteriormente verifiquei, eram Joseph Ricketson e William C. Taber. Eles pareceram compreender de imediato nossa situação e nos deram tantas garantias de amizade que ficamos completamente à vontade na presença deles. Foi de fato muito bom ter amigos assim em um momento como aquele. Quando chegamos a New Bedford, indicaram-nos a casa do senhor Nathan Johnson, por quem fomos bondosamente recebidos e providos de maneira hospitaleira. O senhor e a senhora Johnson demonstraram profundo e vivo

---

[34] Mudei meu nome de Frederick Bailey para Johnson. (N.A.)

FREDERICK DOUGLASS

interesse por nosso bem-estar. Provaram-se bastante dignos do título de abolicionistas. Quando o condutor descobriu que não tínhamos dinheiro para pagar as passagens, reteve nossas bagagens como garantia da dívida. Bastou eu mencionar esse fato para que o senhor Johnson prontamente me emprestasse o dinheiro.

Começamos, então, a sentir certo grau de segurança e a nos preparar para os deveres e as responsabilidades de uma vida de liberdade. Na manhã seguinte à nossa chegada a New Bedford, perguntaram-me à mesa de desjejum por qual nome eu gostaria de ser chamado. O nome que eu recebera da minha mãe era Frederick Augustus Washington Bailey. Contudo, havia dispensado os dois nomes do meio muito antes de deixar Maryland, de maneira que era geralmente conhecido pelo nome de Frederick Bailey. Saí de Baltimore com o nome de "Stanley". Quando cheguei a Nova Iorque, mudei de novo para Frederick Johnson, pensando que seria a última mudança. Mas, quando cheguei a New Bedford, descobri que era necessário mudar de nome novamente. A razão dessa necessidade era que havia tantos Johnson em New Bedford que já era bastante difícil distingui-los. Dei ao senhor Johnson o privilégio de escolher um nome para mim, mas pedi que mantivesse o primeiro, Frederick. Queria mantê-lo para preservar meu senso de identidade. O senhor Johnson tinha acabado de ler *A Dama do Lago*[35] e sugeriu imediatamente que meu nome fosse "Douglass". Daquele momento em diante, passei a ser chamado de Frederick Douglass; e, como sou mais conhecido por esse nome que por qualquer um dos outros, continuarei a usá-lo.

Fiquei bastante surpreso em ver como eram as coisas em New Bedford. Descobri que a impressão que eu tinha quanto ao caráter e às condições dos nortistas estava consideravelmente errada. Estranhamente, eu havia suposto, enquanto vivia na escravidão, que o povo do Norte desfrutava

---

[35] *The Lady of the Lake* é um poema de autoria de *sir* Walter Scott (1771-1832), publicado em 1810. (N.T.)

RELATO DA VIDA DE FREDERICK DOUGLASS

de pouco conforto e quase nenhum luxo em comparação à opulência dos mestres do Sul. Provavelmente cheguei a essa conclusão por saber que o povo do Norte não desfrutava da escravidão. Supus que estava quase no mesmo nível da população do Sul que não tinha escravos. Eu sabia que estes eram extremamente pobres e estava acostumado a associar sua pobreza à necessária consequência de não ter escravos. De algum modo, tinha formado a opinião de que, sem escravos, não poderia haver riqueza e refinamento. E ao vir para o Norte eu esperava encontrar uma população rude, grosseira e inculta, vivendo na mais espartana simplicidade, sem conhecer o conforto, o luxo, a pompa e o esplendor dos senhores de escravos sulistas. Qualquer um que conheça New Bedford sabe perfeitamente quanto me enganei em minhas conjecturas.

Na tarde do dia em que cheguei a New Bedford, resolvi visitar o cais para examinar as embarcações. Lá, me vi cercado das maiores provas de riqueza. Ancorados no cais e oscilando sobre as águas, havia muitos barcos dos mais finos modelos, da melhor classe e do maior tamanho. À direita e à esquerda, pude ver armazéns de granito de amplas dimensões abarrotados, com a máxima capacidade, de bens que supriam as necessidades e os confortos da vida. Além disso, quase todo mundo parecia trabalhar silenciosamente em comparação ao que eu costumava ver em Baltimore. Não havia canções ruidosas da parte dos estivadores que carregavam e descarregavam navios. Não ouvi imprecações ou horríveis xingamentos dirigidos aos trabalhadores. Não vi nenhum homem sendo açoitado; pelo contrário, tudo parecia correr tranquilamente. Cada homem parecia compreender seu trabalho e realizá-lo com discreta porém alegre seriedade, indicando o profundo interesse que sentia pelo que fazia, bem como a percepção da própria dignidade como homem. Para mim, isso pareceu extremamente estranho. Do cais, caminhei pelas imediações e fui até a cidade, fitando com espanto e admiração as esplêndidas igrejas, as belas residências e os jardins bem cuidados, que evidenciavam uma riqueza, um conforto, bom gosto e requinte que eu jamais vira em nenhuma parte da escravocrata Maryland.

Tudo parecia limpo, novo e bonito. Vi pouquíssimas casas dilapidadas, com habitantes marcados pela pobreza; não havia crianças seminuas e mulheres descalças, como costumava ver em Hillsborough, Easton, St. Michaels e Baltimore. As pessoas pareciam mais capazes, fortes, saudáveis e felizes que em Maryland. Fiquei feliz em contemplar, pela primeira vez, uma riqueza enorme, sem me entristecer em ver também uma pobreza extrema. Mas para mim foi mais surpreendente e interessante ainda ver a condição dos negros, muitos dos quais, como eu, haviam fugido para lá para se refugiar dos caçadores de homens. Conheci muitos negros que ainda não haviam completado sete anos longe dos grilhões, mas viviam em casas excelentes e evidentemente desfrutando de mais conforto na vida que boa parte dos escravistas de Maryland. Arrisco afirmar que o senhor Nathan Johnson[36], meu amigo (de quem posso dizer, com o coração agradecido: "Tive fome, e ele me deu de comer; tive sede, e ele me deu de beber; era forasteiro, e ele me acolheu"), vivia em uma casa mais arrumada; jantava em uma mesa melhor; recebia, pagava e lia jornais melhores; e compreendia melhor o caráter moral, religioso e político da nação do que nove décimos dos senhores de escravos do condado de Talbot, Maryland. E ainda assim o senhor Johnson era um homem trabalhador. As mãos deles e as da esposa, a senhora Johnson, eram calejadas de tanto trabalho. Achei que as pessoas negras eram muito mais corajosas do que imaginei que seriam; encontrei nelas grande determinação de proteger, a qualquer custo, seus semelhantes do sanguinário sequestrador. Logo depois de minha chegada, fui informado de um caso que ilustrava bem esse espírito. Um homem negro liberto e um escravo

---

[36] Nathan Johnson (1797-1880) foi um bem-sucedido empresário do ramo da confeitaria e abolicionista afro-americano que abrigou muitos escravos fugitivos, em especial Frederick Douglass, em sua residência em New Bedford, Massachusetts. (N.T.)

RELATO DA VIDA DE FREDERICK DOUGLASS

fugido haviam se desentendido. Dizem que o primeiro ameaçou informar ao mestre do segundo seu paradeiro. Imediatamente foi convocada uma reunião entre os negros, alardeada como uma "questão importante!". O traidor foi convidado a comparecer. Todos estavam lá na hora marcada; organizou-se a reunião, e foi nomeado um ancião muito religioso como presidente. Este, pelo que me disseram, fez uma oração e, em seguida, dirigiu-se às pessoas da seguinte forma: "Amigos, nós o pegamos, ele está aqui. Recomendo que vocês, rapazes, o levem para fora e o matem!". Com isso, vários jovens avançaram contra o traidor; mas foram detidos por outros, que eram mais contidos. O quase delator escapou de sua vingança e não foi mais visto em New Bedford desde então. Creio que nunca mais houve ameaças desse tipo; caso tenham ocorrido, não duvido de que a morte tenha sido a consequência.

Encontrei emprego de estivador no terceiro dia após minha chegada e passei a abastecer uma chalupa com carga de óleo, um trabalho novo, sujo e duro para mim; mas o realizei com o coração alegre e o braço enérgico. Eu era, então, meu próprio mestre. Foi um momento feliz, e esse arrebatamento só pode ser compreendido por aqueles que foram escravos. Era o primeiro serviço cujo salário seria integralmente meu. Não havia um mestre Hugh pronto para roubar o dinheiro que eu ganhava. Trabalhei naquele dia com um prazer inédito, por mim e pela minha esposa. Aquilo foi, para mim, o ponto de partida de uma nova existência. Quando cansei desse serviço, procurei emprego de calafetador, mas tal era a força do preconceito de calafetadores brancos contra os negros que eles se recusaram a trabalhar comigo; e, é claro, não consegui encontrar trabalho no ramo[37]. Não encontrando nenhum benefício imediato no meu ofício, deixei de lado a indumentária de calafetador e me preparei para realizar qualquer tipo de trabalho. O senhor Johnson, muito gentilmente, me emprestou

---

[37] Disseram-me que pessoas negras podem agora trabalhar com calafetagem em New Bedford – resultado do esforço antiescravista (N.A.)

FREDERICK DOUGLASS

sua serra e seu cavalo de madeira, e logo me vi com bastante trabalho. Não havia trabalho difícil ou sujo demais. Estava sempre pronto a serrar lenha, retirar carvão, transportar madeira, limpar chaminés ou rolar barris de óleo – tudo isso fiz por quase três anos em New Bedford, antes de me tornar conhecido no mundo abolicionista.

Quando já morava em New Bedford havia cerca de quatro meses, um jovem veio até mim e perguntou se eu não queria assinar o *Liberator*[38]. Respondi que sim, mas disse que, como escapara recentemente da escravidão, não tinha como pagar naquele momento. Acabei, porém, me tornando assinante. Passei a recebê-lo e o lia toda semana com sentimentos que seria inútil tentar descrever. O jornal tornou-se minha comida e minha bebida. Minha alma foi incendiada. A simpatia que ele demonstrava por meus irmãos acorrentados, as contundentes denúncias dos senhores de escravos, as descrições fiéis da escravidão e os poderosos ataques contra os defensores dessa instituição causaram um frenesi de alegria em minha alma, como nunca sentira antes!

Pouco depois de começar a ler o *Liberator*, eu já possuía uma boa ideia dos princípios, das medidas e do espírito da reforma antiescravista. Envolvi-me de corpo e alma na causa. Não conseguia fazer muito por ela, mas ajudava como podia, com um coração alegre, e nunca me senti mais feliz que quando estava em uma reunião abolicionista. Raramente tinha algo a declarar nessas reuniões, porque o que desejava expressar outras pessoas diziam muito melhor. Porém, quando participava de uma convenção abolicionista em Nantucket, no dia 11 de agosto de 1841, me senti fortemente compelido a falar e, na ocasião, fui muito instado a fazê-lo pelo senhor William C. Coffin, um cavalheiro que me ouvira discursar na

---

[38] *The Liberator* (1831-1865) foi um jornal abolicionista impresso e publicado em Boston por William Lloyd Garrison (1805-1879). Com viés mais religioso que político, a publicação apelava para a consciência moral dos leitores, incitando-os a demandar a liberdade imediata dos escravos, além de promover o movimento dos direitos femininos, questão que acabou cindindo o movimento abolicionista. (N.T.)

reunião de negros em New Bedford. Foi uma cruz pesada, e eu a aceitei relutantemente. A verdade era que ainda me sentia escravo, e a ideia de falar com pessoas brancas me afligia. Porém, mal havia começado, senti a extensão de minha liberdade e expressei o que desejava com considerável facilidade. Daquele momento em diante, tenho me empenhado em defender a causa de meus irmãos – e, quanto ao êxito e à devoção com que o faço, cabe àqueles familiarizados com meu trabalho decidir.

Apêndice

Constatei, relendo a narrativa apresentada, que mencionei, em várias instâncias, a religião de tal maneira que os não familiarizados com minhas visões religiosas podem me considerar um oponente de todas as religiões. Para remover a probabilidade de tal equívoco, julguei apropriado anexar a seguinte e breve explicação. O que eu disse em relação e contra a religião foi direcionado especificamente à religião escravocrata desta terra, sem nenhuma referência ao cristianismo propriamente dito; pois, entre o cristianismo desta terra e o cristianismo de Cristo, percebo a maior diferença possível – tão ampla que, para aceitar um como bom, puro e santo, é necessário rejeitar o outro como mau, corrupto e perverso. Para ser amigo de um, é necessário ser inimigo do outro. Amo o cristianismo puro, pacífico e imparcial de Cristo, portanto abomino o cristianismo hipócrita, parcial, corrupto, escravocrata, açoitador de mulheres e saqueador de berços desta terra. De fato, não vejo razão, a não ser uma razão enganosa, para chamar a religião desta terra de cristianismo. Eu a vejo como a mais errônea designação, o mais ousado embuste e a mais grosseira calúnia. Nunca houve um caso mais claro de "lobo em pele de

RELATO DA VIDA DE FREDERICK DOUGLASS

cordeiro". Sinto uma repulsa indescritível quando penso na pompa religiosa e nas exibições de fé que via por toda a parte, caminhando lado a lado com as mais horríveis inconsistências. Temos ladrões de homens como pastores; açoitadores de mulheres como missionários; e saqueadores de berço como membros da igreja. O homem que empunha o couro de vaca com sangue coagulado durante a semana enche o púlpito no domingo, alegando ser um pastor do manso e humilde Jesus. O homem que rouba os meus ganhos no fim de cada semana atua como líder de classe no domingo de manhã, para me mostrar a melhor forma de viver e o caminho da salvação. Aquele que vende minha irmã para fins de prostituição se intitula o piedoso defensor da pureza. O que proclama ser dever religioso ler a Bíblia me nega o direito de aprender a ler a palavra do Deus que me criou. O defensor religioso do casamento priva milhões de sua influência sagrada e os deixa à mercê de uma completa e arrasadora profanação. O ardoroso defensor da sacralidade das relações familiares é o mesmo que desagrega famílias inteiras – separando maridos e esposas, pais e filhos, irmãs e irmãos –, deixando a cabana vazia e o lar desolado. Vemos o ladrão pregando contra o roubo e o adúltero pregando contra o adultério. Temos homens vendidos para construir igrejas, mulheres vendidas para apoiar o evangelho e bebês vendidos para comprar Bíblias para "os pobres pagãos! Tudo pela glória de Deus e pelo bem das almas!". O sino do leilão de escravos e o sino da igreja tocam em consonância, e os gritos amargurados do escravo inconsolável são engolfados pelos gritos religiosos de seu piedoso mestre. Reavivamentos religiosos e reavivamentos no comércio de escravos andam de mãos dadas. A prisão de escravos e a Igreja ficam lado a lado. O tilintar dos grilhões e o arrastar de correntes na prisão, os salmos piedosos e as orações solenes na igreja podem ser ouvidos ao mesmo tempo. Os traficantes de corpos e almas dos homens ficam em pé na presença do púlpito e ajudam-se mutuamente. O traficante entrega seu ouro manchado de sangue para apoiar o púlpito, e este, em troca, veste seu comércio infernal com o manto do cristianismo. Aqui a religião e o

FREDERICK DOUGLASS

roubo são aliados – demônios ostentam vestes de anjos, e o inferno traz o semblante do paraíso.

> *Altíssimo! Estes são aqueles,*
> *Ó Deus da justiça, que ministram em teu altar!*
> *Homens que, com bênção e oração,*
> *Sob a sábia arca de Israel põem-se a rezar.*

> *O quê! Pregam, mas sequestram os filhos de Adão?*
> *Dão graças e roubam os pobres aflitos?*
> *Falam de tua gloriosa liberdade e depois*
> *Trancam à chave a porta dos cativos?*

> *O quê! Servos do teu misericordioso Filho,*
> *Que veio buscar, salvar e fornecer conforto*
> *Ao pobre e proscrito, prendendo em seus grilhões*
> *O atarefado escravo, maltratado e roto!*

> *De Pilatos e Herodes amigos do peito!*
> *São sumos sacerdotes e também governantes!*
> *É a tua igreja que emprestas, ó Deus de direito,*
> *Força para os saqueadores e meliantes?*[39]

O cristianismo americano é um cristianismo de cujos adeptos se pode dizer o mesmo quanto aos antigos escribas e fariseus: "Pois atam fardos pesados e difíceis de suportar, e os põem aos ombros dos homens; eles, porém, nem com seu dedo querem movê-los; E fazem todas as obras a fim de serem vistos pelos homens..."; "... e amam os primeiros lugares nas ceias e as primeiras cadeiras nas sinagogas, e as saudações nas praças, e o

---

[39] Trechos do poema "Clerical Opressors", de John Greenleaf Whitter (1807-1892), em tradução livre. (N.T.)

serem chamados pelos homens; Rabi, Rabi...", "... mas ai de vós, escribas e fariseus, hipócritas! pois que fechais aos homens o reino dos céus; e nem vós entrais nem deixais entrar aos que estão entrando.", "Ai de vós, escribas e fariseus, hipócritas! pois que devorais as casas das viúvas, sob pretexto de prolongadas orações; por isso sofrereis mais rigoroso juízo...", "... ai de vós, escribas e fariseus, hipócritas! pois que percorreis o mar e a terra para fazer um prosélito; e, depois de o terdes feito, o fazeis filho do inferno duas vezes mais do que vós...", "... ai de vós, escribas e fariseus, hipócritas! pois que dizimais a hortelã, o endro e o cominho, e desprezais o mais importante da lei, o juízo, a misericórdia e a fé; deveis, porém, fazer estas coisas, e não omitir aquelas...", "... condutores cegos! que coais um mosquito e engolis um camelo. Ai de vós, escribas e fariseus, hipócritas! pois que limpais o exterior do copo e do prato, mas o interior está cheio de rapina e de intemperança. Fariseu cego! limpa primeiro o interior do copo e do prato, para que também o exterior fique limpo...", "... ai de vós, escribas e fariseus, hipócritas! pois que sois semelhantes aos sepulcros caiados, que por fora realmente parecem formosos, mas interiormente estão cheios de ossos de mortos e de toda a imundícia. Assim também vós exteriormente pareceis justos aos homens, mas interiormente estais cheios de hipocrisia e iniquidade...[40]".

Por mais terrível e sombria que seja essa imagem, eu a considero estritamente verdadeira no que se refere à esmagadora maioria dos cristãos professos americanos. Eles coam um mosquito e engolem um camelo. O que pode ser mais verdadeiro que isso em relação às nossas igrejas? Ficariam chocados se alguém propusesse comunhão a um ladrão de *ovelhas* e ao mesmo tempo abraçam um ladrão de *homens* na comunhão, chamando-me de herege se eu os criticar por isso. Eles participam com rigor farisaico das formas externas de religião e, ao mesmo tempo, negligenciam as questões mais importantes da lei, o julgamento, a misericórdia

---

[40] Douglass cita trechos esparsos da Bíblia, em Mateus 23:4-28. Tradução extraída da Bíblia Almeida, revista e atualizada. (N.T.)

FREDERICK DOUGLASS

e a fé. Estão sempre prontos a sacrificar, mas raramente a demonstrar piedade. São representados como aqueles que professam seu amor a Deus, a quem nunca viram, enquanto odeiam o irmão que está a seu lado. Amam os pagãos do outro lado do mundo. Oram por eles, pagam para colocar uma Bíblia em suas mãos e enviam missionários para instruí-los, enquanto desprezam e negligenciam completamente os pagãos que estão diante de seu nariz.

Essa é, em resumo, minha perspectiva quanto à religião desta terra; e, para evitar qualquer mal-entendido que possa surgir do uso de termos gerais, declaro que me refiro à religião da terra que é revelada nas palavras e ações e nos atos dessas instituições, do Norte e do Sul, que se intitulam igrejas cristãs, embora associadas a senhores de escravos. É contra a religião professada por essas instituições que eu me sinto no dever de testemunhar.

Concluo estas observações copiando o seguinte retrato da religião do Sul (que, por comunhão e associação, é a religião do Norte), o qual solenemente afirmo ser "fiel à vida", sem ser caricato ou exagerado. Dizem que foi escrito muitos anos antes da atual campanha abolicionista por um pregador metodista do Norte, que, residindo no Sul, teve a oportunidade de contemplar a moral, as maneiras e a piedade escravocrata com os próprios olhos. "Deixaria eu de castigar estas coisas, diz o Senhor, ou não me vingaria de nação como esta?[41]"

Uma paródia

Venham, ouçam-me contar, santos e pecadores
Como açoitam Jack e Nell os piedosos pastores,
As crianças privam do amor materno,
E dizem que lugar de pecador é no inferno
E cantam a união celestial.

---

[41] Extraído da Bíblia, Jeremias 5:9. (N.T.)

RELATO DA VIDA DE FREDERICK DOUGLASS

Como cordeiros eles balem e gritam,
Mas os negros açoitam e as crianças castigam,
Depois cobrem suas costas com rica manta,
E agarram seus escravos pela garganta,
E os estrangulam, pela união celestial.

Ralham com o velho embriagado,
E amaldiçoam o ladrão de gado,
Mas do velho Tony, de Doll e Sam são donos,
E os privam dos direitos humanos,
Na união celestial dos sequestradores.

Bradam sobre a recompensa eterna,
E penduram seu escravo pela perna,
Repreendem e sacodem a chibata até cortar,
E vendem seu irmão sem pestanejar,
Para a união celestial das correntes.

Eles leem e cantam em alegre louvor
E fazem preces agradecendo ao senhor,
Ensinam o certo e fazem o errado
Saudando o irmão e ferindo o humilhado,
Com palavras de união celestial.

Não se sabe como tais santos têm a torpeza,
De louvar ao senhor sentados à mesa,
Enquanto rugem, ralham e açoitam com veemência
E a mamom[42] se curvam e prestam reverência,
Na união das consciências culpadas.

---

[42] Termo derivado da Bíblia usado para descrever riqueza material ou cobiça. (N.T.)

FREDERICK DOUGLASS

Eles plantam centeio, milho e tabaco,
E roubam, mentem e enganam o fraco,
E acumulam no céu seu eterno tesouro,
Brandindo o sangrento chicote e o couro,
Na esperança da união celestial.

Do velho Tony quebram os dentes,
Os touros de Basã, fortes e potentes
Ou asnos zurrantes, cheios de enganação
Em seguida, derrubam Jacob no chão,
E passam a surrá-lo, pela união celestial.

Os ricos e coléricos ladrões de homem,
Que apenas ferem, comem e dormem,
Mas que no entanto não dão sossego
Ao pobre, faminto e sofrido negro,
Engordam, felizes, com a união celestial.

Diz o pastor: "Não ames o mundo",
E balança a cabeça, com desgosto profundo;
Mas de Dick e Ned, que suam até raiar o dia,
Ele corta as rações por mesquinharia,
Enquanto louva a união celestial.

Outro pastor, lamentando, citou,
Aquele que pelos pecadores se sacrificou,
Ele amarrou a velha Nanny a um carvalho,
E o sangue escorreu a cada talho,
E depois orou pela união celestial.

RELATO DA VIDA DE FREDERICK DOUGLASS

Dois outros abriram as férreas bocarras,
E aos pequenos cativos mostraram as garras
Enquanto seus filhos gozavam de calor e pão,
Tirados à custa da vil servidão,
E assim mantiveram sua união celestial.

De Jack tomam a vida e a liberdade,
Com as quais alimentam a sua iniquidade,
Vigiam, atentos, como serpentes desalmadas,
E enchem as bocas de tortas açucaradas,
Que descem goela abaixo, pela união.

Espero, honesta e sinceramente, que este pequeno livro possa esclarecer o sistema escravocrata americano e apressar o feliz dia da libertação de milhões de irmãos acorrentados. Confio fielmente no poder da verdade, do amor e da justiça para o sucesso de minha humilde empreitada e reafirmo solenemente meu compromisso com a causa sagrada.

Frederick Douglass,
Lynn, Massachusetts, 28 de abril de 1845